国家出版基金项目
NATIONAL PUBLICATION FOUNDATION

汉画总录

48

徐州

GUANGXI NORMAL UNIVERSITY PRESS
广西师范大学出版社
·桂林·

本研究由 2012 年度国家社科基金重大项目"中国汉代图像数据库与《汉画总录》编撰研究"资助

本专项研究得到吴作人国际美术基金会的赞助

HANHUA ZONGLU

项目统筹　汤文辉　李　琳
责任编辑　王倩云
装帧设计　李若静　陆润彪　刘　凛
责任技编　郭　鹏

图书在版编目（CIP）数据

汉画总录. 48，徐州 / 梁勇，朱青生主编. —桂林：广西师范大学出版社，2021.12
　ISBN 978-7-5598-2068-6

　Ⅰ. ①汉… Ⅱ. ①梁… ②朱… Ⅲ. ①画像砖－史料－研究－中国－汉代②画像砖－史料－研究－徐州－汉代
Ⅳ. ①K879.444

中国版本图书馆 CIP 数据核字（2019）第 166747 号

广西师范大学出版社出版发行

（广西桂林市五里店路 9 号　邮政编码：541004）
网址：http://www.bbtpress.com

出版人：黄轩庄

全国新华书店经销

广西广大印务有限责任公司印刷

（桂林市临桂区秧塘工业园西城大道北侧广西师范大学出版社集团有限公司创意产业园内　邮政编码：541199）

开本：787 mm×1 092 mm　1/16

印张：15.5　字数：150 千字

2021 年 12 月第 1 版　　2021 年 12 月第 1 次印刷

定价：480.00 元

如发现印装质量问题，影响阅读，请与出版社发行部门联系调换。

序

文字记载，图画象形。人性之深奥、文化之丰富俱在文献形相之中；史实之印证、问题之追索无非依靠文字图形。[1] 汉画乃有汉一代形相与图画资料之总称。

汉代之前，有各种物质文化遗迹与形相资料传世。但是同时代文献相对缺乏，虽可精观细察，恢复格局，重组现象，拾取位置、结构和图像信息，然而毕竟在紧要处，但凭推测，难于确证。汉代之后，也有各种物质文化遗迹与形相资料传世，但是汉代之前问题不先行获得解释，后代的讨论前提和基础就愈加含糊。尤其渊源不清，则学难究竟。汉代的文献传世较前代为多，近年汉代出土文献日增，虽不足以巨细问题尽然解决，但是与汉代之前相比，判若文献"可征"与"不可征"之别。所以，汉画作为中国形相资料的特殊阶段，据此观察可印之陈述，格局能佐之学理，现象会证之说明；位置靠史实印证，结构倚疏解诠释。因图像信息与文字信息的双重存在，将使汉画成为建立中国图像志，用形相学的方法透入历史、文化和人性的一个独特门类。此汉画作为中国文化研究关键理由之一。

两汉之世事人情、典章制度可以用文字表达者俱可在经史子集、竹帛简牍中钩沉索隐，而信仰气度、日常生活不能和不被文字记述者，当在形相资料中考察。形者，形体图像；相者，结构现象。事隔两千年形成的古今感受之间的千仞高墙，得汉画其门似可以过入。而中国文明的基业，多始于汉代对前代的总结、集成而制定规范；即使所谓表率万世之儒术，亦为汉儒所解释而使之然。诸子学说亦由汉时学人抄传选择，隐显之功过多在汉人。而道德文章、制度文化之有形迹可以直接回溯者，更是在汉代确立圭臬，千秋传承，大同小异，直至中国现代化来临。往日的学术以文字文献为主，自从进入图像传播时代，摄影、电视造就了人类看待事物的新方法，养成了直接面对图像的解读能力。于是反观历史，对于形相资料的重视与日俱增。因此，由于汉代奠定汉

---

[1] 对于古史，有所谓四重证据法：传世义献+出土文献+出土文物+依地肜、位置和建筑建构遗存复原的文化环境设想。但任何史实，多少都有余绪流传至今，则可通过现今活态遗存，以今证古，这是西方人类学、文化地理学中使用的方法。例如，可从近日的墓葬石工技艺中考溯汉代制作；再如，今日非物质文化遗产中的祭祀庆典仪式，其中可能有此地同族举行同类型活动的延承，正所谓"礼失而求诸野"。所以，对于某些历史对象，可以采用六重证据法：传世文献+出土文献+出土文物+复原的文化环境设想+现今活态遗存+试验考古（即使当时的工具、材料、技术、观念重新试验完成一遍古代特定的任务）。对问题的追索无非依靠文字和形相两种性质的材料，故略称"文字图形"。

族为主体的文明而重视汉代，由于读图观相的时代到来而重视图画，此汉画之为中国文化研究关键理由之二。

"汉画"沿用习称。《汉画总录》关注的汉画包括画像石、画像砖、帛画、壁画、器物纹样和重要器物、雕刻、建筑（宗教世俗场所和陵墓）。所以，与《汉画总录》互为表里的国家图像数据库[2] 则称之为"汉代形像资料"，是为学术名称。

汉画研究根基在资料整理。图像资料的整理要达到"齐全"方能成为汉画学的基础。所谓齐全，并非奢望汉代遗迹能够完整留存至今，而是将现存遗址残迹，首先确定编号，梳理集中，配上索引，让任何一位学者或观众，有心则可由之而通览汉代的形相资料总体，了解究竟有多少汉代图形存世。能齐观整体概况，则为齐也。如果进一步追索文化、历史和人性的问题，则可利用这个系统，有条理、有次序地进入浩瀚的形相数据，横征纵析，采用计算机详细精密的记录手段和索引技术，获取现有的全部图像材料。与我们陆续提供给学界的"汉代古文献全文数据库"和"中文、西文、日文研究文献数据库"互为参究，就能协助任何课题，在一个整体学科层面上开展，减少重复、杜绝抄袭，推动研究，解决问题。能把握学科动态则为全也。《汉画总录》是与国家图像数据库相辅相成的一个长期文化工程，是依赖全体汉画学者努力方能成就的共同事业。一事功成，全体受益。如果《汉画总录》及其索引系统建成完整、细致、方便的资料系统，则汉画学的推进可望有飞跃发展，对其他学科亦不无帮助。

汉画编目和《汉画总录》的编辑是繁琐而细致的工作。其平常在枯燥艰苦的境况中日以继夜。此事几无利益，少有名声，唯一可以告慰的是我们正用耐心的劳动，抹去时间的风尘，使中国文明之光的一段承载——汉画，进入现代学术的学理系统中，信息充溢，条理清楚、惠及学界。况且汉画虽是古代文化资料，毕竟养成和包蕴汉唐雄风；而将雄风之遗在当今呈现，是对中国文明的贡献，也是为人类不同文明之间更为深刻的互相理解和世界在现代化中的发展提示参照。

人生有一事如此可为，夫复何求？

编　者

2006 年 7 月 25 日

---

[2] 2005年国家文化部将中国汉代图像信息综合调查与数据库项目纳入"国家数据库专项"系统。

编辑体例

《汉画总录》包括编号、图片、图片说明、图像数据、文献目录、索引六部分内容。

1. 编号

为了研究和整理的需要，将现有传世汉画材料统一编号。编号工作归属一个国家项目协调（《中国汉代图像信息综合调查与数据库》为国家艺术科学"十五"规划项目）。方法是以省、区编号（如陕西 SSX，山西 SX）加市、县，或地区编号（如米脂 MZ）再加序列号（三位），同一汉画组合中的部件在序列号之后加横杠，再加序列号（两位）。比如米脂党家沟左门柱，标示为 SSX-MZ-005-01（说明：陕西—米脂—党家沟画像石墓—左门柱）。编号最终只有技术性排序，即首先根据"地点"的拼音缩写的字母排列顺序，在同一地点的根据工作序列号的顺序排序。

地点是以出土地为第一选择，不在原地但仍然有确切信息断定其出土地的，归到出土地编号，并在图片说明中标示其收藏地和版权所有者。如果只能断定其出土地大区（省、区），则在小区（市、县、地区）部分用"××"表示。比如美国密歇根大学博物馆藏的出自山东某地，标示为 SD-××-001。如果完全不能断定其出土地点，则以收藏地点缩写编号。

编号完成之后，索引、通检和引证将大为方便。论及某一个形象或画面，只要标注某编号，不仅简明统一，而且可以在《汉画总录》和与此相表里的国家图像数据库（国家文化部将中国汉代图像信息综合调查与数据库项目纳入"国家数据库专项"系统）中根据检索方法立即找到其照片、拓片、线图、相关图像和墓葬的全部信息，以及关于这个对象尽可能全面的全部研究成果，甚至将来还可以检索到古文献和出土文献的相关信息，以及同一类型图像或近似图像的公布、保存和研究情况。

2. 图片

记录汉代画像石、画像砖的图片采取拓片、照片和线图相比照的方式处理。[1] 传统著录汉画的方式是拓片，拓片的特点是原尺寸拓印。同时，拓片制作时存在对图像的取舍和捶拓手工轻重粗精之别，而成为独立于原石的艺术品。拓片不能完整记录墓葬中画像砖石的相互衔接和位置关系，

---

[1] 由于在《汉画总录》的编辑方针中，将线描用于对图像的解释和补充，线描制作者的观点和认识会有助于读者理解，但也形成了一定的误导和局限，因此在无必要时，将逐步减少线描的数量，而把这个工作留待读者在研究时自行完成。

以及墓葬内的建筑信息，无法记录画像石上的墨线和色彩，对于非平面的、凸凹起伏的浮雕类画像砖石，也不能有效地记录其立体造型。不同拓片制作者以及每次制得的拓片都会有差异。使用拓片一个有意无意的后果是拓片代替原石成为研究的起点，影响了对画像石的感受和认知。拓片便利了研究的同时也限制了研究。只是有些画像砖石原件已失，仅存拓片，或者原石残损严重，记录画像砖石的拓片则为一种必要的方法。

照片对画像砖石的记录可以反映原件的质地和刻划方法、浮雕的凸凹起伏，能够记录砖石上的墨线和色彩，是高质量的图像记录中不可缺失的环节。线图可以着重、清晰地描绘物像的造型和轮廓，同时作为一种阐释的方法，可以展示、考察、记录研究者对图像的辨识和推证。采取线图、照片、拓片相结合的途径记录画像砖石，可相互取长补短，较为完备。

帛画、壁画和器物纹样一般采用照片和线图。

其他立体图像采用照片、三维计算机图形、平面图和各种推测性的复原图及局部线图。组合图与其他图表的使用，在多部组合关系明确的情况下，一般会给出组合图加以标明，用线描图呈现；在多部组合而关系不明确的情况下则或缺存疑。其他测绘图、剖面图、平面图以及相关列表等均根据需要，随著录列出，视为一种图解性质的"说明"。[2]

3. 图片说明

图片说明分为两个部分。其一是关于图片的基本信息，归入"4. 图像数据"中说明；其二是对于图像内容的描述。描述古代图像时，基于古今处在不同的观念体系中的这一个基本前提，采取不同方式判定图像。

3.1 尝试还原到当时的概念中给予解释[3]，在此方向下通常有两种途径。

3.1.1 检索古代文献中与图像对应的记载或描述，作出判定。但现存的问题，一是并非所有图像都能在文献中找到相应的记载或解释，即缺乏完备性；二是这种对应关系是人为赋予的，文献

---

[2] 根据编辑需要，在材料和技术允许的情况下，会给出部分组合关系图。由于编辑过程受到各种条件的限制，尽其努力也无法解决全卷缺少部分原石图、拓片、线图的情况，或者极个别原石尺寸不齐的情况，目前保持阙如，待今后在补遗卷中争取弥补。

[3] 任何方式中我们都不可能完全脱离今人的认识结构这一立足点，不可能清除解释过程中"我"的存在，难以避免以今人的观念结构去驾驭古代的概念。完全回到当时当地观念中去只是设想。解释策略决定了解释结果。在第一种方式中，我们的目的不是把自己置换到古人的处境中去体验，而是去认识古人所用概念及其间结构关系。

与图像并不存在必然的联系，且不同研究者可能作出不同的判断 [4]；三是现存文献只是当时多种版本的一种，民间工匠制作画像石所依据的口述或文字版本未必与经过梳理的传世文献（多为正史、官方记录和知识分子的叙述）相符。

3.1.2 依据出土壁画上的题记、画像砖石上的榜题、器物上的铭文等出土文字材料，对相应图像作出判定，这种方式切近实况，能反映当时当地的用语，但是能找到对应题记的图像只占图像总体的一小部分。

3.2 在缺失文献的情况下，重构一种图像描述的方式——尽量类型化并具有明晰的公认性。如大量出现的独角兽，在尚不确定称其为"兕"还是"獬豸"时，便暂描述为独角兽，尽管现存汉代文献中可能无"独角兽"一词。同时，图像描述采取结构性方式，即先不做局部意义指定，而是在形状—形象—图画—幅面—建筑结构—地下地上关系—墓葬与生宅的关系—存世遗迹和佚失部分（黑箱）之间的关系等关系结构中，判定图像的性质或意义。尽管没有文字信息，图像在画面和墓葬中的位置和形相关系提供了考察其意义和功能的线索。

在实际图片说明中，上述两种方式往往并用。对图像的描述是在意识到这些问题的情况下展开的，部分指谓和用语延承了以往的研究，部分使用了新词，但都不代表对图像含义的最终判定，而只是一种描述。

4. 图像数据

图片的基本信息（诸如编号、尺寸、质地、时代、出土地、收藏单位等）实际上是图像数据库的一个简明提示。收入的汉画相关信息通过数据库的方式著录，其中包括画像石编号、拓片号、原石照片编号、原石尺寸 [5]、画面尺寸、画面简述、时代、出土时间、征集时间、出土地 [6]、收藏单位、原收藏号、原石状况（现状）、所属墓葬编号 [7]、组合关系、著录与文献等项。文字、质地、色

---

[4] 关于此前题材判定和分类的方法和问题，参见盛磊《四川汉代画像题材类型问题研究》，北京大学艺术学系99级硕士毕业论文。

[5] 原石尺寸的单位均为厘米，书中不再标识。

[6] 出土与征集的区分以是否经过科学发掘为界，凡经正式发掘（无论考古报告发表与否）均记为出土，凡非正式发掘（即使有明确出土地点和位置）均记为征集。

[7] 所属墓葬因发掘批次和年代各异，故记为发掘时间加当时墓葬编号，如1981M3表示党家沟1981年发掘的第3号墓葬。

彩、制作者、订件人、所在位置、相关器物、鉴定意见、发现人中有可著录者，均在备注项中列出。画像石墓表包括墓葬所在地、时代、墓葬所处地理环境、封土情况、发现和清理发掘时间、墓向、墓葬形制、随葬器物、棺椁尸骨、画像石装置，发现人、发掘主持人也在备注项中注出。建立数据库的目的和价值在于对数据库中的所有记录进行检索、比较、统计、分析，以期达到研究的完备性和规范性。[8]

5. 文献目录

文献目录列出一个区域（指对汉画集中地区的归纳，如陕北、南阳、徐州、四川等，多根据汉画研究的分区，而非严格的行政区划）有关汉画内容的古文献、研究论著和论文索引，并附内容提要。在每件汉画著录中列专项注出其相关研究文献。

6. 索引

按主题词和关键词建立索引项，待全部工作结束之后，做成总索引。因为《汉画总录》的分卷编辑虽然是按现在保管地区为单位齐头并进，但各种图像材料基本按出土地点各归其所，所以地名部分不出分卷索引，只在总索引中另行编排。

朱青生
北京大学历史学系艺术史教研室
北京大学汉画研究所
2006年7月31日

---

[8] 对于存在大量样本和繁杂信息的研究对象，数据库的应用是有效的。在考古类型学中，传统的制表耗费时力，且不便记忆和阅读，细碎的分类常有割裂有机整体之弊。《汉画总录》的设想是：（1）无论已有公论还是存疑的图像，一律不沿用旧有的命名及在此基础上的分类，而按一致的规范和方法记录；（2）扩大图像信息的范畴，全面记录相关要素，包括出土状况（发掘/清理/收集）、发现人、出土时间、出土地点及其所属古代区划、画像材质、尺寸、所属墓葬形制、画像位置、随葬器物及其位置、画像保存状况、铭文、已有断代、画像资料出处、相关图片、相关研究、收藏地等。图像则记录单位图像的位置及其间的组合情况；（3）利用数据库，按不同线索和层次对图像信息进行查询、检索，根据统计结果作出判断。

目　录

前　言

　　《汉画总录》徐州卷我们所用的时间最长，1996年《汉画总录》项目刚刚开始，我们就到徐州进行了全面的考察和计划。本来《汉画总录》计划从徐州卷开始启动，但是由于各种原因，徐州卷到目前为止，决定分期和分区来进行。

　　《汉画总录》中"汉画"有一个宽泛的概念和一个狭义的概念。宽泛的概念就是"汉代形象"，这是北京大学汉画研究所主持的国家社科重大课题项目"中国汉代图像数据库与《汉画总录》编撰研究"题目所规定的。狭义的概念是传统所说的汉画，是指根据画像石画像砖所形成的拓片。《汉画总录》徐州卷以宽泛的汉画概念作为研究的方向，所以整个工作分成三期。所谓分期，是指在徐州市委宣传部冯其谱部长的主持之下，把徐州地区（含各区县）的博物馆、画像石馆、遗址和文化单位所收藏保管的画像石、画像砖、器物纹样和各种其他形象进行全面的著录。第一期是在2000年之前就开始与武利华馆长、李银德馆长合作研究，对徐州汉画的整体情况和整个徐州画像石馆的编辑计划作了充分的探讨，具体著录工作在徐州博物馆李晓军馆长和徐州汉画像石艺术馆梁勇馆长的领导之下，首先对徐州汉画像石艺术馆的部分画像石进行了拍摄、捶拓、测绘和著录，经过北京大学汉画研究所的编辑工作，出版为7卷。第二期是在杨孝军馆长的领导之下，对徐州汉画像石艺术馆所有画像石进行一次彻底的清理，并对徐州地区各区县的博物馆、遗址继续进行整理，计划编为20卷左右。第三期是对其他汉代图像进行调查与著录。

　　所谓分区，就是徐州的画像石不仅仅保存在徐州汉画像石艺术馆，还分别存于徐州博物馆以及各个区县的文物保管部门，所以徐州卷按各个具体的保管单位来进行著录和编辑（以下具体编到哪一个部分，就写这一部分的细节）。

　　在徐州卷的编辑过程中出现了一个新情况。由于徐州汉画像石艺术馆保管和研究收藏能力强，所在城市经济实力强大，地区领导高度重视和支持，所以馆中收藏的画像石未必都是出自徐州地区，还包括具有各种来源的征集品和捐赠品。这样一来，在徐州所看到的画像石不一定是徐州画像石，而是有部分来自周围的地区，甚至来自相当遥远的区域，其出处不明确，流传过程曲折，给徐州卷的编辑造成了很复杂的情况。这就为《汉画总录》的著录和编辑工作带来了新的课题：我们如何在一个地区性的标志卷帙之下汇集地区来源不同，以及来源不明的画像石。

这就是"总录观念"，在编辑分类上属于分类全集（catalogue raisonné）的方法[1]，就是将图像材料切分成可以完成的类别，对这一类别所有的材料进行全面考察、著录、编辑、发表。对象的分类可以按其自身性质来划分，也可以用人为的规定来划分。比如根据人物（作者）记录这个人的全部作品，或者某一种类型的图像在一个时代（确定时段）和一定文化（确定区域和特殊文化性质）中的全部遗存。《汉画总录》徐州卷的分类确定为"徐州地区文物单位目前保管的现有汉代墓葬石刻图像材料"。汉代墓葬石刻图像材料并不是汉画的全部。我们在编辑《汉画总录》时，把汉画定义为"广义的汉画"，即汉代图像[2]（相对于汉代的实物和汉代的文献而言）。汉代的图像还包括画像砖、壁画和帛画、器物纹样（含平面的一般概念绘画，特别是构成幅面整体的图画）、纺织纹样和其他纹样，以及组成各种形相逻辑的图像关系。所谓图像关系，就是形相学中的"相性"，并不一定是一幅或一组确定的图画，而是各种现象和形象互相之间的一种连带关系，得以被记录、标识和展现出来的"图"。这个问题笔者在2004年已经作过论证与说明，当时正在编辑《汉画总录》（1-10册）："一个画面首先是一根线条，再由线条造成一个图形，然后由图形来构成形象，形象变成图画，图画进一步发展为图像，图像就是诸多图画的集合，是一个有意义的画面。接下来是方位问题，任何一个图画都要处于一定的位置上才会有意义，这些有意义的图画进一步与非图画成分形成整体构造，再进一步在整体结构中与墓下—墓上的系统发生关系。再向前推一步是与地理环境的关系，任何地理环境都有一个在特殊观念中形成的图像。这样的'关系'可概括为10层，分别为线条与形状、形状与图形、图形与形象、形象与图画、图画与图像、图画与（它所在方位组成的）画幅、画幅与（非图画器物因素构成的）整体、整体与（全部）墓内、墓内与墓上、墓葬与地理环境的关系等，因此在研究汉画时，北京大学汉画研究所的方法就是在这十层'关系'中进行解释。现在有许多学者已经开始注意到这种关系，我们进一步认为研究单独的一件作品是'形学'，它们之间相互关联与对应的关系是'相学'。"

---

[1] 这个概念在编辑伊始已经确立，但是对《汉画总录》作为catalogue raisonné（分类全集）和作为图像志（iconography）的基础这一点当时没有充分强调。

[2] "中国汉代图像数据库与《汉画总录》编撰研究"（项目批准号：12&ZD233）的阶段性成果呈现。该项目同时是由广西师范大学出版社申报、由国家新闻出版总署批准支持的出版项目，拟资助全国范围内共计200册《汉画总录》的出版。这里的200册收录的是广义的汉画，即中国汉代图像数据。

这个方法也可以扩展到今后对于来源不清或者真假程度存疑的作品的辨识。随着社会经济的发展，据称仅徐州地区就正以每天几十块的生产量在制造汉代画像石的复制品。复制品一方面作为文化产业的产品，成为建筑和装饰工程的材料，满足在文化自信发展的时代，人们对带有汉代艺术风格和内容的作品的欣赏需要；另外一方面，它也有意和无意地变成一个造假的生意、行当，利用汉墓中发掘出土的石头，按画像石的各种图样进行刻画，有些则是在真实的画像石上补刻（文字和复杂图像），更多的是仿制新刻，甚至对同一件作品进行批量生产，混入古代原作，成为赝品，通过各种销售场景和环节的设局，分销各地。所以，今后在各个收藏中间都会掺入大量不仅来源不明而且真假难辨的作品。当然，在编辑徐州卷之前，《汉画总录》只收罗在公共收藏中出处清晰、保管记录流传有序、收藏记录明确的作品。这是基本原则，以后也还会以此为基础。但是随着工作的推进，徐州卷就大量地涉及了这一部分流转搜集、来源不明的藏品，此类藏品甚至已经成为地方博物馆的重要部分。而在中国普遍存在的大量的私人收藏，大多是未经考古发掘、出处不详、来源不明的藏品。如果对这一部分完全忽视，不加著录，忽视的就不仅仅是几块石头，而是作为汉画全集的资料的整体。出处不明，不代表其不是；真赝难辨，不代表其完全不真！这个情况在徐州卷之前所编辑的各地汉画中也零星地存在，比如在陕北卷里面就有很多藏品是征集而来，出处不明，而且也有个别真伪无法绝对确定的作品。2011年完成陕北卷时，我们就确立了这样的"总录观念"："由于上述的21世纪之前汉画不作为重要文物而零散流落，21世纪以来又有许多流散和新出土的汉画流落在私人收藏中，公共机构和国家博物馆的购藏过程也无法避免各种盗掘、作假的作品异地流通，通过不正当渠道及手续进入博物馆收藏，所以真正通过科学发掘的汉画在整体汉画范畴中所占比例不高。因此既要广泛地记录汉画的现象，又要对可能的怀疑留下依据，同时也要将汉画的一些各种原因零落流散的重要证据尽可能地保存。《汉画总录》采取了 catalogue raisonné（分类全集）的现代观念来进行著录。在这种著录过程中，不是把一个对象简单地定义为真或伪，来源清晰或模糊，整体或零碎，具备或不具备确切年代，而是将其各种记录、争论、判断一并记录，给出怀疑的余地和补救的可能，把汉画的整体现象，包括明显作假却有相当的警示和对照作用的作品，也选择其典型案例进入总录，使得对汉画的著录变成一个相对来说既精密，又可以不断趋向更为精密的研究记录。当然，由于收录制度的严密，编辑委员会对于明显造假的作品一律不收，除非作为对比的案例陈列。《汉画总录》不收任何没有原始文物的拓片和照片（除非用于对比和残损补充）。"[3]

因此对于这些问题，我们采取的办法是，在著录时针对出处和来源的标示进行不同程度的区分。《汉画总录》徐州卷的部分将作这样的区分：

第1种，凡是有明确出土地点并且流传、收藏记录完整者，标明出处。

第2种，凡源自征集、来源直接并知道大概地域者，标为征集，并且注明大概的征集地点。

第3种，出处不明、由各种流通渠道征集者，标为征集。

第4种，从各种渠道进入、缺少基本的征集信息，或者记录信息有明显讹误者，标成馆藏。

我们明确建议《汉画总录》的使用者应该有这样一个清晰的区别意识：凡是标明"征集（无出土地点）"和"馆藏"的画像石，在引用时必须比对其他信息，多加考证，不可以直接引用。对这样的作品的鉴定是进行研究活动的必要前提和伴随工作。随着国家经济的发展和市场经济的繁荣，考古器物和文物的存世会出现一些复杂的情况，愈演愈烈。因此今后在著录的过程中，《汉画总录》将秉持徐州卷所确立的这个方向，继续往更为细致和深入的方向作出区别和认定。

有了分类全集作为基础，就能将存世并封存于各处的全部相关材料进行通检和比对，从而就能编辑更为精密的图像志。经过仔细的检验图像志的整体工作之后，个案研究才更容易展开，因为其基础材料的检验系统和数据系统事先已经完整成立。也许这是在计算机数据库和互联网时代，在学术研究的新的条件下提出的新的要求。

汉代许慎编《说文解字》，搜罗和查遍汉和帝永元十二年（公元100年）到汉安帝建光元年（公元121年）之前的所有字样（文字资料），收字9353个，另收"重文"（即异体字）1163个，总共获得10516字，再将这些个别的字分成540个部首，按类编排，逐字解释，先辨析字体来源，再研究意义的赋予与延伸，成为中国在汉代的文字方面的一部基准字典。虽然东汉中后期由于今文经学的影响，对文字的意义的附会在所难免，当时又没有严格的文字考古，对每一个字只从古文（六国文字，含零星的两周遗文）到小篆溯源，而非从甲骨文、金文的形式演变路径追溯，更谈不上对从图像到文字的演变路径的思索，也不会顾及语言从图—音混合交错地形成文字的心理和环境过程

---

[3] 朱青生、张欣、任楷：《〈汉画总录〉编辑的方法》，未刊稿。

因素，但这部字典仍是讨论中国文字问题的根据和基础。

中国在汉代也有一个同样丰富复杂的图像系统，但是当时没有人编撰整理图谱，及至如今，问题变得非常复杂，不仅对每个形象（线条—形状所建构的可辨认的形相层次）和图画（具有构图关系的形象组合）没有分门别类的谱系认识，而经由形象—图画—图像—画幅构成的形相逻辑更是交织纠缠，多个意义来源并置。以马王堆1号汉墓的帛画为例，这一件（多画幅）图像中所显现出来的形象和图画并不是来源于一个形相系统，也不是根植于一个完整的理论框架和观念系统，这样一来，如何解释帛画就莫衷一是。[4] 所以我们只能把墓葬中使用的图像问题看成是一种图样的铺陈 [5]，而不能看成是一个具有完整意义的图画和密码系统设计。但是今天我们反过来对以汉代为主体，并囊括汉代以前的所有图样进行通盘检验，其实还是希望通过大数据整合找出汉画即汉代形象的整体的意义系统结构，只不过这个意义系统不可以过于穿凿定义与细节，而需要高度谨慎地悬置于一个大体意义框架解释上，为多方面的推敲留有余地。比如南北朝佛教传入后的图像系统，丝绸之路的打通，使西边的图像传统先于佛教传入。丝绸之路并非因为佛教而打通，而是打通之后佛教才逐步渗透，图像也是如此。对于这些逐步掺入图像系统的意义，到底应该怎么来辨析？首先还是必须对汉代整体部分进行根本的梳理和编辑，才能够逐步对比出哪些是汉族地区非本来的因素。

虽然汉代图像分类全集这个工作今天还是存在很多的缺环，但也不是不可以做部分展开图像志的工作，《汉画总录》的编辑本来就是为构建这样的逐步完善却永无止境的图像志作准备，正如我们一开始的总体思路：

《汉画总录》作为中国图像志的基础部分，是中国图像志的关键性工程。从中国图像志整体工程而言，在汉代之前，大量图像因为没有文献证据，根本无法建立确切的图像志，必须靠汉代的图像志来反推，因为汉代既有大量的成体系的图像，也有相关的文献，可以对其加以确证。汉

---

[4] 参见Jerome Silbergeld, "Mawangdui, Excavated Materials, and Transmitted Texts: A Cautionary Note", *Early China*, Vol. 8 (1982−83), pp. 79−92.

[5] 2004年我在纪念马王堆汉墓发掘30周年国际学术讨论会上作大会发言，发表了"铺陈说"的理论，同时论证马王堆帛画在墓葬中并不是预先设定和高度尊崇的元素，其画面内容并不是出于同一个意义系统，图画之间也不存在严密的形相逻辑关系，而且也不具备任何引魂升天的意指。

代之后，也必须以汉代为基础，才能推到唐代及唐以后。所以，汉代图像是中国图像志构建过程中一个不可替代的关键性工程。从图像志编制本身的技术规程而言，即从艺术史的研究技术而言，先有分类全集即总录，然后才能在此基础上编辑图像志。任何图像志即图谱都是在所有的相关图像得到整体调查，理论上全部集全之后才能够进行归类整理和溯源考证（这里的研究空间永无边际）。有了图像志的图像认识之后方能进行专门问题的扩展，引申出"新艺术学"，即对各种图像所记录和显示的意义进行历史学、社会学、人类学、文化学、心理学甚至经济学问题的研究。反过来，这样的研究又促进和帮助了对图像志的校正与深入了解。

　　《汉画总录》是各学科研究的共同基础项目。在图像时代到来之后，原来以文字文献为主导的科学研究和文明记录方式会被日益普及的以文字和图像为共同基础的研究方法和研究手段代替。图像数据库的建立不仅是和艺术学相关的科目的基础，而且是各门社会科学和人文科学的共同基础项目，比如21世纪的古典学科在西方已经不单是语言学，还包含了图像和物质材料的重大扩展。事实上，中国的文、史以及社会科学的研究，已经大量使用图像材料，只是缺乏基础建设，这种使用才因此显得零星而散乱。

　　《汉画总录》是现代人文和社会科学方法论的前沿研究。如何在读图时代和新媒体时代记录图像、使用图像，是处在今天世界哲学最前沿的图像回归问题。对图像的技术性处理涉及传播和跨学科（与物理学、生物学）的视觉与图像构成，以及计算机中的大量所谓数字内容的基础理论和运用实践，更直接的联系是和计算机视觉传播以及创意产业、动漫产业之间的关系。没有图像志，就等于没有一部"图画的字典"。

朱青生于北京大学汉画研究所

2019年9月24日

编号	JS-XZ-068
时代	东汉
出土/征集地	睢宁县双沟散存
出土/征集时间	
原石尺寸	90×28×40
质地	石灰岩
原石情况	原石呈长方形，断为三块，右侧残。
组合关系	
画面简述	此图为浅浮雕结合阴线刻。画面主体为二半人半龙神（一说为伏羲女娲），尾部卷曲缠绕，填刻菱形纹，四足相对，其中居左者戴进贤冠，居右者高髻，左侧有一簪（？）。画面左下角刻一半人半蛇神，圆髻（？），尾部填刻菱形纹；右下角漶漫，仅可见一人头部与上半身。画面上、下、左三边有框。
著录与文献	江苏省文物管理委员会编著《江苏徐州汉画象石》，北京：科学出版社，1959年，图版66，图84；武利华、王黎琳编《徐州汉画象石》，南京：江苏美术出版社，1985年，图233；徐毅英主编《徐州汉画像石》，北京：中国世界语出版社，1995年，第60页，图75；田忠恩、陈剑彤、武利华等编著《睢宁汉画像石》，济南：山东美术出版社，1998年，第61页，图23；中国画像石全集编辑委员会编《中国画像石全集4》，济南：山东美术出版社，郑州：河南美术出版社，2000年，第75页，图104；武利华主编《徐州汉画像石精选》，北京：线装书局，2001年，第65页，图65；刘渊：《汉代画像石上伏羲女娲图像特征研究》，硕士学位论文，四川大学，2005年，第20页，图18；周保平、刘尊志：《汉画吉祥图像的图像学解析》，载郑先兴执行主编《汉画研究：中国汉画学会第十届年会论文集》，武汉：湖北人民出版社，2006年，第352页，图9；过文英：《论汉墓绘画中的伏羲女娲神话》，博士学位论文，浙江大学，2007年，第56页，图22-2；宋雅寒：《汉画像石中的女性造型》，硕士学位论文，曲阜师范大学，2007年，第55页，图4；赵斌：《徐州地区汉画像石研究》，硕士学位论文，安徽大学，2011年，第26页，图3；周保平：《汉代吉祥画像研究》，天津：天津人民出版社，2012年，第153页，图5-6；汪小洋：《汉画像石中西王母图像的装饰性》，《装饰》2014年第12期，第77页，图3；武利华：《徐州汉画像石通论》，北京：文化艺术出版社，2017年，第257页，图8-44。
收藏单位	徐州汉画像石艺术馆

编号	JS-XZ-069
时代	东汉
出土/征集地	睢宁县双沟散存
出土/征集时间	
原石尺寸	91×143×21
质地	石灰岩
原石情况	原石呈长方形，残为四块。
组合关系	

画面简述　此图为剔地浮雕结合阴线刻。画分上、中、下三格。上格漫漶较甚，图像不易辨认，其左端为二凤鸟，双足踏于下方中格建筑（阁楼）垂脊上，左右相对，展翅上行；凤鸟之间（下方建筑正脊中央）有一物，模糊不明，周围另有云气（？）补白；上格右侧可见二人，皆着曳地长袍，袍角卷翘，居左者似一手拄杖（？）而立，其身后另有一羽人（？）及一兽，居右者似呈拱手躬身拜谒状。上格与中格之间的中央位置可见一"凸"字形画框，框内可见二人，居左者着过膝袍服，衣袖蓬张，跨步左行；居右者着曳地长袍，袍角卷翘，一手拄杖（？），俯身抬头，似为老者（或妪？），其头顶一兽，模糊不明，身后一树。中格右上方另分一小格，可见二人，皆有榜无题，着直裾及地袍，一手举起，面右而立，居左者腰悬绥带，带上有结（？）。中格画面主体为一座带有阁楼的廊庑式建筑：阁楼位于建筑物左端，四坡顶，正脊上翘，垂脊末端探出檐外；墙左右两端双柱承檐，柱上置大栌斗，柱身上下收分明显，填刻网状肌理，柱及栌斗皆有边框；阁楼墙体可见一横两竖壁带，上部中央设菱形窗棂（？）的窗口，其余墙面亦饰菱形纹；双柱外侧左右各有一兽不明。下部廊庑屋顶共分三段，自左至右逐级变矮，其中左、中两段可见两坡顶，右段为三坡顶，正脊上有二短尾猿相戏；三段屋顶正脊、垂脊皆上翘，瓦垄清晰，每两段连接缝隙处可见密排瓦檐（？）；每段屋顶坡面下可见二立柱（共计七柱）承檐，柱上置一斗二升

栱栱，柱身上下收分明显，柱身与栱栱内填刻网状肌理，斗内填刻三角形线纹肌理，柱及斗皆有边框；柱间置三层横栏，中有矮柱，矮柱内亦填刻网状肌理，两侧有边框。右段屋顶左面坡下柱间的横栏之间填刻竖向纹理，一说为表现墙体（？）。左段屋顶檐下可见楼梯局部，右段屋顶檐下可见帷幔。建筑物内共可见六人。中格右侧为建鼓舞场景：鼓下有兽形（？）础座；中柱上部有华盖及三层羽葆，其上左侧一人，左向而坐（？），右侧二人皆着短衣（或裸上身）对舞，居右者按羽葆倒立；鼓左右各一人，着过膝袍（居右者似着左衽），持枹击鼓而舞。下格为车马出行场景：画面残余部分左端一人，似戴武弁着袍，捧盾躬身俯首，右向迎迓；其对面二导骑并列，后有两辆四维轺车，四马首皆饰缨，轮皆八辐；车上前有御者，后有乘者，后车有榜无题。画面四周有双层框（？），上边框漫漶不清，左右两侧框间填刻绳纹，下边框间填刻菱形折线纹。

著录与文献　江苏省文物管理委员会编著《江苏徐州汉画象石》，北京：科学出版社，1959年，图版61，图79；武利华、王黎琳编《徐州汉画象石》，南京：江苏美术出版社，1985年，图246、247；徐毅英主

编《徐州汉画像石》，北京：中国世界语出版社，1995年，第62—63页，图79；《中国音乐文物大系》总编辑部编《中国音乐文物大系　上海卷　江苏卷》，郑州：大象出版社，1996年，第306页，图2·3·23；田忠恩、陈剑彤、武利华等编著《睢宁汉画像石》，济南：山东美术出版社，1998年，第64—65页，图25；中国画像石全集编辑委员会编《中国画像石全集4》，济南：山东美术出版社，郑州：河南美术出版社，2000年，第77页，图107；武利华主编《徐州汉画像石精选》，北京：线装书局，2001年，第116页，图116；姚浩：《徐州汉画像石马形象刍议》，《长江文化论丛》2009年，第90—91页；朱永春、刘杰：《汉代阁道与廊桥考述》，《建筑学报》2011年A2期，第92页，图8；黄婧琳、朱永春：《汉代建筑中的罘罳》，《中国建筑史论汇刊》2016年第1期，第229页，图9；庞一村：《浅谈徐州汉画像石建筑屋脊装饰之美》，《建筑与文化》2017年第7期，第152页，图12；武利华：《徐州汉画像石通论》，北京：文化艺术出版社，2017年，第168页，图6-10。

收藏单位　　徐州汉画像石艺术馆

编号	JS-XZ-070
时代	东汉
出土/征集地	睢宁县双沟散存
出土/征集时间	
原石尺寸	87×47×27
质地	石灰岩
原石情况	原石呈长方形，基本完整。
组合关系	
画面简述	此图为浅浮雕结合阴线刻。画面可分上下两格。上格上部为一兽，回首，其下一鸟，展翅，周围若干鸟首补白；下格左端一盘，内有耳杯（？）若干，下一半圆形物不明，右侧二人皆坐于席上，居右者似戴尖帽（？），一侍者立于身后，有两鸟首自框上部探入补白。画面上、下、右三边可见三层框，其中上、右外层框间填刻连弧纹，下部外层框间填刻菱形套环及折线纹；三边内层框间填刻涡形纹。
著录与文献	田忠恩、陈剑彤、武利华等编著《睢宁汉画像石》，济南：山东美术出版社，1998年，第67页，图28；中国画像石全集编辑委员会编《中国画像石全集4》，济南：山东美术出版社，郑州：河南美术出版社，2000年，第86页，图123。
收藏单位	徐州汉画像石艺术馆

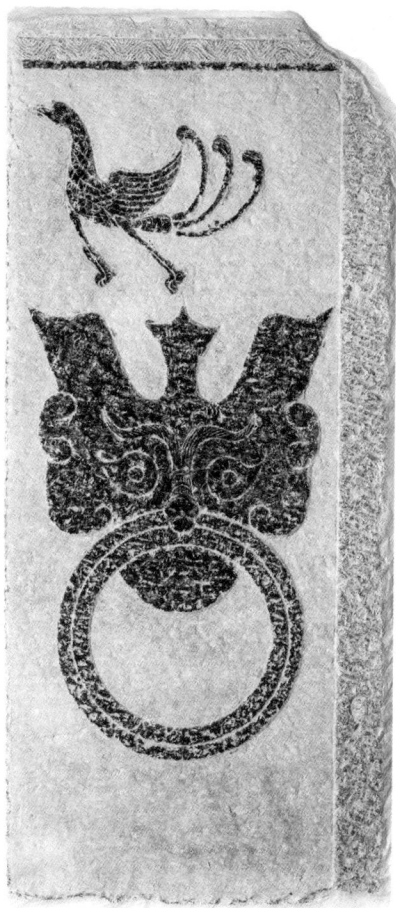

编号	JS-XZ-071
时代	东汉
出土/征集地	睢宁县双沟散存
出土/征集时间	
原石尺寸	115×50×11
质地	石灰岩
原石情况	原石呈长方形，右上角残。
组合关系	
画面简述	此图为浅浮雕。画面上部一朱雀，尾分三歧；下部铺首衔环，环分为两层。画面上、右两边有框；上边为双层框，框间填刻波形纹。
著录与文献	江苏省文物管理委员会编著《江苏徐州汉画象石》，北京：科学出版社，1959年，图版66，图84；武利华、王黎琳编《徐州汉画象石》，南京：江苏美术出版社，1985年，图244；徐毅英主编《徐州汉画像石》，北京：中国世界语出版社，1995年，第64页，图80；田忠恩、陈剑彤、武利华等编著《睢宁汉画像石》，济南：山东美术出版社，1998年，第68页，图29；中国画像石全集编辑委员会编《中国画像石全集4》，济南：山东美术出版社，郑州：河南美术出版社，2000年，第74页，图103；武利华主编《徐州汉画像石精选》，北京：线装书局，2001年，第107页，图107。
收藏单位	徐州汉画像石艺术馆

编号	JS-XZ-072
时代	东汉
出土/征集地	睢宁县双沟散存
出土/征集时间	
原石尺寸	63×130×14
质地	石灰岩
原石情况	原石呈长方形，断为两块，左右侧皆残。
组合关系	
画面简述	此图为浅浮雕。画面（右部残损）中央可见一大门，门上为一四坡顶亭阁式建筑，其正脊及垂脊两端皆上翘，正脊中央置一三角（桃心）形脊饰，瓦垄清晰；檐下双柱，柱上部设替木（？）承檐；双柱之间有栏杆（或板），并可见三人。大门两侧门柱各有偏向外侧的柱础，门柱相对上部亭阁左右双柱向中间明显缩进；门有双层门框；左右二门扉皆内开，下部正中置一门限（名阈、橛、柣、阃等），一人半启门。大门左右两侧为廊庑建筑，每侧屋顶刻分为三段，似表现在空间中呈"八"字形平面的门廊。其正脊、垂脊末端皆上翘，瓦垄清晰；大门左侧可见三柱，右侧仅余一柱（推测应与左侧对称）。柱上皆置替木（？）承檐；每两柱间有栏杆（或板），并可见二人（右端仅余一人局部）；除右端人物外，柱间皆居左者戴冠，居右者梳髻，似为一男一女，皆拱手而坐（？）。画面四周有框。

28

著录与文献　江苏省文物管理委员会编著《江苏徐州汉画象石》，北京：科学出版社，1959年，图版62，图80；武利华、王黎琳编《徐州汉画象石》，南京：江苏美术出版社，1985年，图248；徐毅英主编《徐州汉画像石》，北京：中国世界语出版社，1995年，第64—65页，图82；田忠恩、陈剑彤、武利华等编著《睢宁汉画像石》，济南：山东美术出版社，1998年，第66页，图26；中国画像石全集编辑委员会编《中国画像石全集4》，济南：山东美术出版社，郑州：河南美术出版

社，2000年，第78页，图108；武利华主编《徐州汉画像石精选》，北京：线装书局，2001年，
第115页，图115；吴伟：《"启门"题材汉画像砖石研究》，硕士学位论文，南京大学，2013年，
第29页，图9-4；庞一村：《浅谈徐州汉画像石建筑屋脊装饰之美》，《建筑与文化》2017年第7期，
第152页，图9。

收藏单位　　徐州汉画像石艺术馆

编号	JS-XZ-073(1)
时代	东汉
出土/征集地	睢宁县双沟散存
出土/征集时间	
原石尺寸	58×57×23
质地	石灰岩
原石情况	原石呈抱鼓形，断为上下两块。
组合关系	
画面简述	此图为浅浮雕结合阴线刻。画上部一半人半龙神，梳髻（？），袍服下沿分两叉，尾部有鳞；下部为一轺车右向而行，马前腿腾空，车轮十二辐，车上前有御者持鞭，后坐一人，戴进贤冠（？）。画面下边有框。
著录与文献	江苏省文物管理委员会编著《江苏徐州汉画象石》，北京：科学出版社，1959年，图版65，图83；武利华、王黎琳编《徐州汉画象石》，南京：江苏美术出版社，1985年，图241；徐毅英主编《徐州汉画像石》，北京：中国世界语出版社，1995年，第62页，图78；田忠恩、陈剑彤、武利华等编著《睢宁汉画像石》，济南：山东美术出版社，1998年，第60页，图22；中国画像石全集编辑委员会编《中国画像石全集4》，济南：山东美术出版社，郑州：河南美术出版社，2000年，第73页，图102。
收藏单位	徐州汉画像石艺术馆

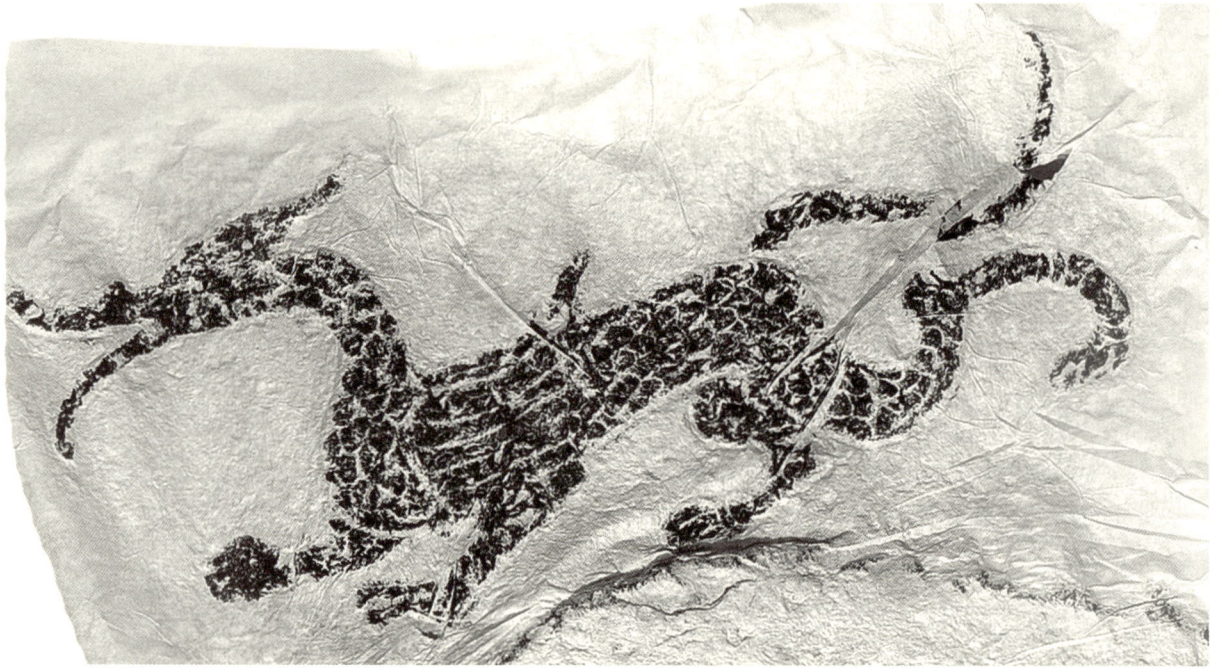

编号	JS-XZ-073(2)
时代	东汉
出土/征集地	睢宁县双沟散存
出土/征集时间	
原石尺寸	58×23×57
质地	石灰岩
原石情况	原石呈抱鼓形，断为上下两块。
组合关系	
画面简述	此图为浅浮雕。画面为一龙，张口，肩生羽翼，尾部上扬，通身披鳞。
著录与文献	江苏省文物管理委员会编著《江苏徐州汉画象石》，北京：科学出版社，1959年，图版64，图82；武利华、王黎琳编《徐州汉画象石》，南京：江苏美术出版社，1985年，图245；田忠恩、陈剑彤、武利华等编著《睢宁汉画像石》，济南：山东美术出版社，1998年，第84页，图46；王建中：《汉代画像石通论》，北京：紫禁城出版社，2001年，第443页；马静娟、龙华：《汉画像石装饰图案释读》，《文物世界》2014年第6期，第6页，图11。
收藏单位	徐州汉画像石艺术馆

编号	JS-XZ-074(1)
时代	东汉
出土/征集地	睢宁县双沟散存
出土/征集时间	
原石尺寸	119×44×20
质地	石灰岩
原石情况	原石呈长方形，基本完整。
组合关系	
画面简述	此图为浅浮雕。画分上、中、下三格。上格一鸟，头生羽冠，反身回首；中格为九尾狐；下格为三足乌。画面四周有双层框，其中上下边框间填刻菱形纹，左右边框间填刻双层菱形纹。
著录与文献	江苏省文物管理委员会编著《江苏徐州汉画象石》，北京：科学出版社，1959年，图版70，图90；武利华、王黎琳编《徐州汉画象石》，南京：江苏美术出版社，1985年，图240；徐毅英主编《徐州汉画像石》，北京：中国世界语出版社，1995年，第61页，图76；田忠恩、陈剑彤、武利华等编著《睢宁汉画像石》，济南：山东美术出版社，1998年，第88页，图49；中国画像石全集编辑委员会编《中国画像石全集4》，济南：山东美术出版社，郑州：河南美术出版社，2000年，第69页，图96。
收藏单位	徐州汉画像石艺术馆

编号	JS-XZ-074(2)
时代	东汉
出土/征集地	睢宁县双沟散存
出土/征集时间	
原石尺寸	119×20×44
质地	石灰岩
原石情况	原石呈长方形，右上角略残。
组合关系	
画面简述	此图为浅浮雕。画面主体为一半人半龙神（一说为伏羲），双手高举一日轮（？）。
著录与文献	江苏省文物管理委员会编著《江苏徐州汉画象石》，北京：科学出版社，1959年，图版70，图90；徐毅英主编《徐州汉画像石》，北京：中国世界语出版社，1995年，第61页，图77；田忠恩、陈剑彤、武利华等编著《睢宁汉画像石》，济南：山东美术出版社，1998年，第89页，图51；中国画像石全集编辑委员会编《中国画像石全集4》，济南：山东美术出版社，郑州：河南美术出版社，2000年，第75页，图105。
收藏单位	徐州汉画像石艺术馆

编号	JS-XZ-075
时代	东汉
出土/征集地	睢宁县张圩散存
出土/征集时间	
原石尺寸	73×156×20
质地	石灰岩
原石情况	原石呈长方形，下侧残。
组合关系	
画面简述	此图为浅浮雕。画分上下两格。上格左端为二凤鸟（？），皆头生羽冠，交颈而立，上方有云气纹补白。中部为双阙建筑人物题材；中央为一厅堂式建筑，其四坡顶正脊及垂脊末端起翘，瓦垄清晰，檐下垂幛；左右各一立柱，柱头为三层阶梯造型的栌斗；屋顶正脊上方二鸟，其头部自正脊末端起翘处探出；檐下两柱间有二人（一说为夫妇），居左者梳髻（？），居右者戴冠，正面跽坐于榻上，二人中间似有一樽及勺（？）；左右柱外各有一侍者，皆着及足袍，捧物（？），其中居左者梳髻，腰间悬挂鞶囊（？）。建筑左右各一双层阙，阙顶正脊及垂脊末端起翘；上层阙顶正脊中央有一三角形脊饰，瓦垄清晰，檐口横列一排圆点表示瓦当；上层阙顶檐下柱身中部收分，下层檐下呈三层替木（？）结构。上格右端为一凤鸟（？），头生羽冠，尾部上扬，展翅，四周若干圆形、云气纹及鸟首补白。下格左端一鸟右向而飞；其右一柏树（？），画面残损，仅余上端；再右一鸟面下而飞；再右一鸟，展翅面左而飞；其右一鸟面上而飞；再右画面漫漶，

40

JS-XZ-075局部

编号	JS-XZ-076
时代	东汉
出土/征集地	睢宁县张圩散存
出土/征集时间	
原石尺寸	118×45×20
质地	石灰岩
原石情况	原石呈长方形，断为上下两块，左下角残。
组合关系	
画面简述	此图为浅浮雕。画分四格。上格顶部有垂幔，下二人，居左者左衽，居右者右衽，皆戴进贤冠，跽坐于榻上；其中居左者手持一束算筹（？）；二人间置六博局，上部一鸟；两人身后分别从左右框探入一人，可见头及身部，亦戴进贤冠，似为围观者；两主要人物身下榻边填刻波形纹，榻下中间一兽首（一说为铺首，一说为力士）以双爪撑地。再下格主体为一凤鸟（鸾鸟？），头生羽冠，尾部上扬，展翅；其翅上站一鸟，展翅回首；自框边探入若干鸟首补白。再下格为庖厨题材，画面左端一灶，灶上一甑，甑上有蒸汽冒出，右侧一圆盘（？），上框顶部挂肉食（？）；灶右侧一人，持一杆状物为炊事，人物左上一耳杯（？），框上部右端挂一不明"凸"字形物，外有边框内有网格；炊者与灶之间有横线连接（一说为柴草）。下格左端一羽人（？），散发，手持一芝草（？），与对面麒麟相戏；其右一羽人（？）骑麒麟，背后一物不明（一说为弓）。画面四周有框，框内填刻圆点纹。
著录与文献	田忠恩、陈剑彤、武利华等编著《睢宁汉画像石》，济南：山东美术出版社，1998年，第81页图43，第91页图53；中国画像石全集编辑委员会编《中国画像石全集4》，济南：山东美术出版社，郑州：河南美术出版社，2000年，第100页，图137；崔乐泉编著《中国古代体育文物图录》，北京：中华书局，2000年，第163页，图9；武利华主编《徐州汉画像石精选》，北京：线装书局，2001年，第75页，图75。
收藏单位	徐州汉画像石艺术馆

编号	JS-XZ-077
时代	东汉
出土/征集地	铜山县大彭镇小汉墓
出土/征集时间	
原石尺寸	46×170×35
质地	石灰岩
原石情况	原石呈长方形，基本完整。
组合关系	
画面简述	此图为浅浮雕。画面刻菱形穿璧纹。画面四周有框，上边为双层框，框间填刻连弧纹。
著录与文献	
收藏单位	徐州汉画像石艺术馆

编号	JS-XZ-078
时代	东汉
出土/征集地	铜山县大彭镇散存
出土/征集时间	
原石尺寸	56×252×33
质地	石灰岩
原石情况	原石呈长方形，断为左右两块，左下角残。
组合关系	
画面简述	此图为浅浮雕。画面分上下两格。上格为菱形穿璧纹。下格左端一兽（？），长尾后扬，通身披鳞，面左而行；其后一神怪（？），似为人首，戴冠，亦通身披鳞，面左而行；再后画面漶漫，不可辨。画面四周有框，其中上边为双层框，框内填刻连弧纹；左侧框分上下两部分，上部较宽，刻方格纹；下边框主体为双层框，框内填刻三角形纹，框中部右侧又一双层框，似接石下另一画面，框间填刻波形线纹。
著录与文献	
收藏单位	徐州汉画像石艺术馆

编号	JS-XZ-079
时代	东汉
出土/征集地	铜山县大彭镇散存
出土/征集时间	1988年征集
原石尺寸	62×218×24
质地	石灰岩
原石情况	原石呈长方形，基本完整。
组合关系	
画面简述	此图为浅浮雕。画面分上下两格。上格为菱形穿环纹。下格左端一兽（似虎），身披条纹，反身回首；其后为一三头人首虎身神怪（一说为开明兽），面左而行；其右为三神兽（或龙？），皆身披条纹，其中前两者皆反身回首，居后者张口，面左而行；画面下边为波形曲线，似表现山峦。画面四周有框，上、左、右三边为双层框，框间填刻连弧纹；下边框右侧又一双层框，似接石下另一画面。
著录与文献	中国画像石全集编辑委员会编《中国画像石全集4》，济南：山东美术出版社，郑州：河南美术出版社，2000年，第58页，图82；武利华主编《徐州汉画像石精选》，北京：线装书局，2001年，第46页，图46。
收藏单位	徐州汉画像石艺术馆

编号	JS-XZ-080
时代	东汉
出土/征集地	铜山县大彭镇散存
出土/征集时间	
原石尺寸	52×223×22
质地	石灰岩
原石情况	原石呈长方形，基本完整。
组合关系	
画面简述	此图为浅浮雕。画左端一兽，长尾卷扬，回首，爪踏山石（？）；其右一兽，面左而立；再右一兽，长尾上扬，前爪腾空，向右回首；再右一兽，似有角（？），前爪腾空，右向回首；右端一虎，张口，长尾后扬，左向奔走。画左侧上部有三角形与半圆形象补白。画面四周有框，上边有双层框，框间填刻连弧纹。
著录与文献	
收藏单位	徐州汉画像石艺术馆

编号	JS-XZ-081
时代	东汉
出土/征集地	铜山县大彭镇散存
出土/征集时间	1988年征集
原石尺寸	55×215×33
质地	石灰岩
原石情况	原石呈长方形，断为左右两块。
组合关系	
画面简述	此图为浅浮雕。画面左端为一神兽（牛首？），头生双角，身披条纹，一足踏于方形物上；其后一神兽（鸟首？），通身披鳞，跨步回首右望；再后一龙（？），张口，通身披鳞，一足踏于方形物上；再后一神兽，长尾上扬，通身饰圆点纹，回首右望，身前一丝帛（？）；其后一虎，通身条纹，张口，一足踏于方形物，一足踏于右侧边框。画面四周有框，上下为双层框，框间填刻连弧纹；下层边框右侧又一双层框，似接石下另一画面，框间填刻波形线纹。
著录与文献	中国画像石全集编辑委员会编《中国画像石全集4》，济南：山东美术出版社，郑州：河南美术出版社，2000年，第59页，图83。
收藏单位	徐州汉画像石艺术馆

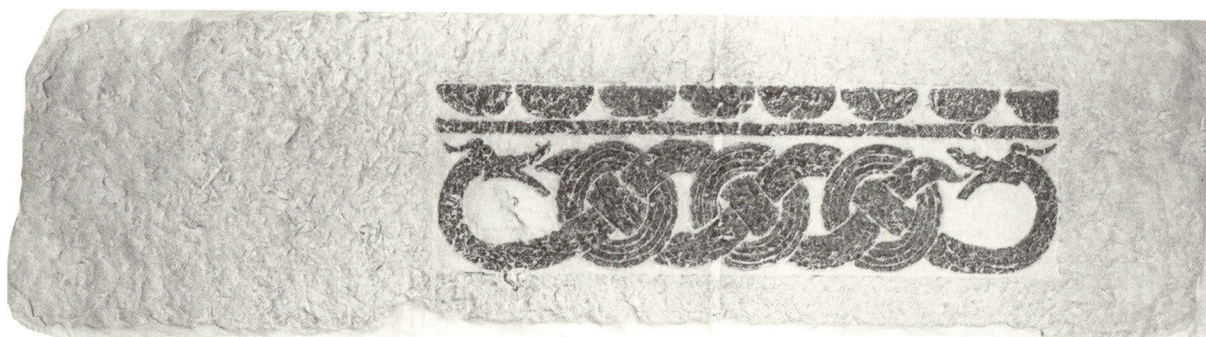

编号	JS-XZ-082
时代	东汉
出土/征集地	铜山县大彭镇散存
出土/征集时间	
原石尺寸	55×215×33
质地	石灰岩
原石情况	原石呈长方形，基本完整。
组合关系	
画面简述	此图为浅浮雕。画面为二龙穿三环，二龙皆张口回首，互衔其尾，环分四层。画面四周有框，上边为双层框，框间填刻连弧纹。
著录与文献	
收藏单位	徐州汉画像石艺术馆

编号	JS-XZ-083
时代	东汉
出土/征集地	铜山县大彭镇汉墓
出土/征集时间	
原石尺寸	43×266×24
质地	石灰岩
原石情况	原石呈长方形，基本完整。
组合关系	
画面简述	此图为浅浮雕。画面为二龙穿三环，二龙皆张口回首，互衔其尾，环分三层。画面四周有框，上、左、右为双层框，框间填刻连弧纹。
著录与文献	
收藏单位	徐州汉画像石艺术馆

编号	JS-XZ-084
时代	东汉
出土/征集地	铜山县大彭镇汉墓
出土/征集时间	
原石尺寸	48×175×24
质地	石灰岩
原石情况	原石呈长方形，基本完整。
组合关系	
画面简述	此图为浅浮雕。画面为二龙穿三环，二龙皆张口回首，龙尾形似鸟首。画面四周有框，上边为双层框，框间填刻连弧纹。
著录与文献	
收藏单位	徐州汉画像石艺术馆

编号	JS-XZ-085
时代	东汉
出土/征集地	铜山县大彭镇汉墓
出土/征集时间	1988年征集
原石尺寸	105×110×31
质地	石灰岩
原石情况	原石呈方形，基本完整。
组合关系	
画面简述	此图为浅浮雕及透雕墓窗石。画面分上下两格。上格为四鸟，皆长尾展翅，其中居左者回首右望，其后者曲颈俯首，再后二者面左而立。墓窗位于画面下格，外沿为三层窗框，窗口内有五道截面为三角形的纵向窗棂，窗口左侧一柏树（一说为常青树），下边框刻连弧纹；再下为一四坡顶厅堂式建筑，正脊平直，竖向瓦垄，檐下双柱，柱身粗大，柱上部设替木（？）承檐，下有柱础，柱间二人相对而坐，皆抬手似交谈状；建筑右侧一树，分多枝延续至墓窗右侧，枝头立一凤鸟，头生羽冠。画面四周有框，左侧有四层边框，从内而外第二层框内刻波形线纹。
著录与文献	徐毅英主编《徐州汉画像石》，北京：中国世界语出版社，1995年，第81页，图106；中国画像石全集编辑委员会编《中国画像石全集4》，济南：山东美术出版社，郑州：河南美术出版社，2000年，第56页，图78；武利华主编《徐州汉画像石精选》，北京：线装书局，2001年，第72页，图72。
收藏单位	徐州汉画像石艺术馆

编号	JS-XZ-086
时代	东汉
出土/征集地	铜山县大彭镇散存
出土/征集时间	
原石尺寸	45×79×25
质地	石灰岩
原石情况	原石呈长方形，断为两块，左右侧皆残。
组合关系	
画面简述	此图为浅浮雕。画面分左右两栏。左栏残损不可见。右栏左端一兽，面右倒立；其右一熊，尖吻，反身人立回首；再右一虎，张口，长尾上扬，似与熊相斗。画面上下两边有框，上边有三层框，外框间填刻连弧纹，内框间填刻三角形纹。
著录与文献	
收藏单位	徐州汉画像石艺术馆

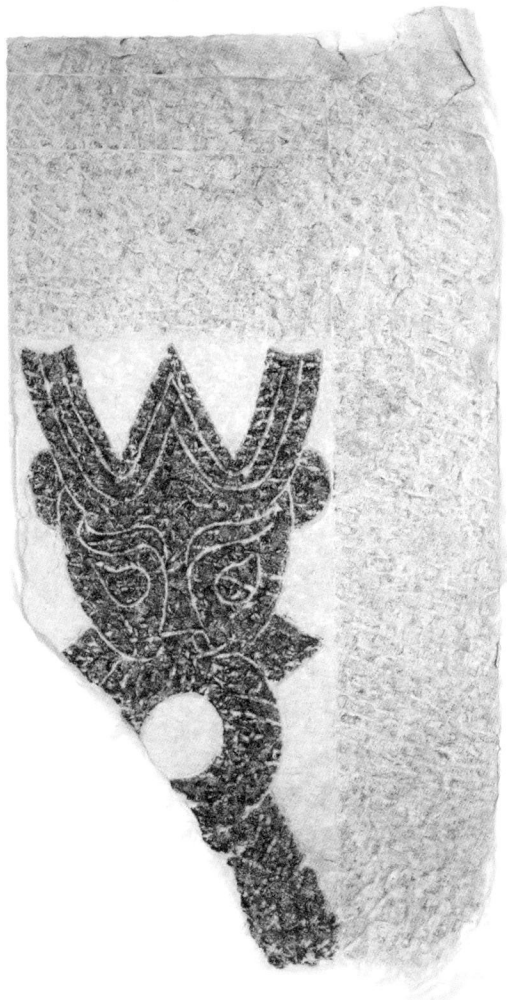

编号	JS-XZ-087
时代	东汉
出土/征集地	铜山县大彭镇散存
出土/征集时间	
原石尺寸	113×54×9
质地	石灰岩
原石情况	原石呈长方形，左下角残，右侧可见门枢。
组合关系	
画面简述	此图为浅浮雕。画面为铺首衔环，环下左侧残损，右侧可见一物局部（一说为帛）。画面上、右两边有框，上边为双层边框。
著录与文献	
收藏单位	徐州汉画像石艺术馆

编号	JS-XZ-088(1)
时代	东汉
出土/征集地	沛县古泗水出土
出土/征集时间	
原石尺寸	108×60×60
质地	石灰岩
原石情况	原石呈长方形，基本完整。
组合关系	
画面简述	此图为浅浮雕。画面分为上、中、下三格。上格刻乐舞图像：左端一人踞坐；其右一人鼓瑟（抚琴）；中间一人着及足长袍（裙?），屈身扬袖舞（一说巾舞或公莫舞）；右端一人倒立于四足案上，屈腿后折，上有云气环绕。中格为建筑人物题材，画面主体为一座四坡顶厅堂式建筑物，其正脊两端上翘，中央有一三角形物（脊饰），左侧屋脊不全，上一鸟首探出，右侧屋脊上一猴向上攀爬，屋面可见瓦垄；檐下双柱，柱上为U形一斗（?）二升结构，柱身两道纵向凹槽及波形纹饰，柱下置柱础，柱间下方有台基，台基侧面可见"收腰"短壁柱及横向分层肌理；柱间二人踞坐于榻上六博对弈，皆戴进贤冠，着长袍对坐，中为一案，案上可见算筹，下刻一六博盘，其上有一樽，左右各一耳杯；右柱外侧一侍者左向躬身而立。下格左上角一鸟倒悬，其下一马右向而立；其右一树，树左悬一料斗，右端为一车，呈正面形象，上有车盖，车前可见其衡、辕、轭，外侧各一车轮，中以一杆（柱）顶托车辕。画面四周有框，左侧框外有梯级分层刻槽。
著录与文献	江苏省文物管理委员会编著《江苏徐州汉画象石》，北京：科学出版社，1959年，图版55，图73；武利华、王黎琳编《徐州汉画象石》，南京：江苏美术出版社，1985年，图231、232；徐毅英主编《徐州汉画像石》，北京：中国世界语出版社，1995年，第59页，图73；武利华主编《徐州汉画像石精选》，北京：线装书局，2001年，第89页，图89；傅惜华、陈志农编，陈志农绘，陈沛箴整理《山东汉画像石汇编》，济南：山东画报出版社，2012年，第357页；陈履生主编《中国汉画》，南宁：广西美术出版社，2018年，第240—241页，图222、223；武利华：《徐州汉画像石通论》，北京：文化艺术出版社，2017年，第50页，图3-12。
收藏单位	徐州汉画像石艺术馆

JS-XZ-088(1) 局部

JS-XZ-088(1) 局部

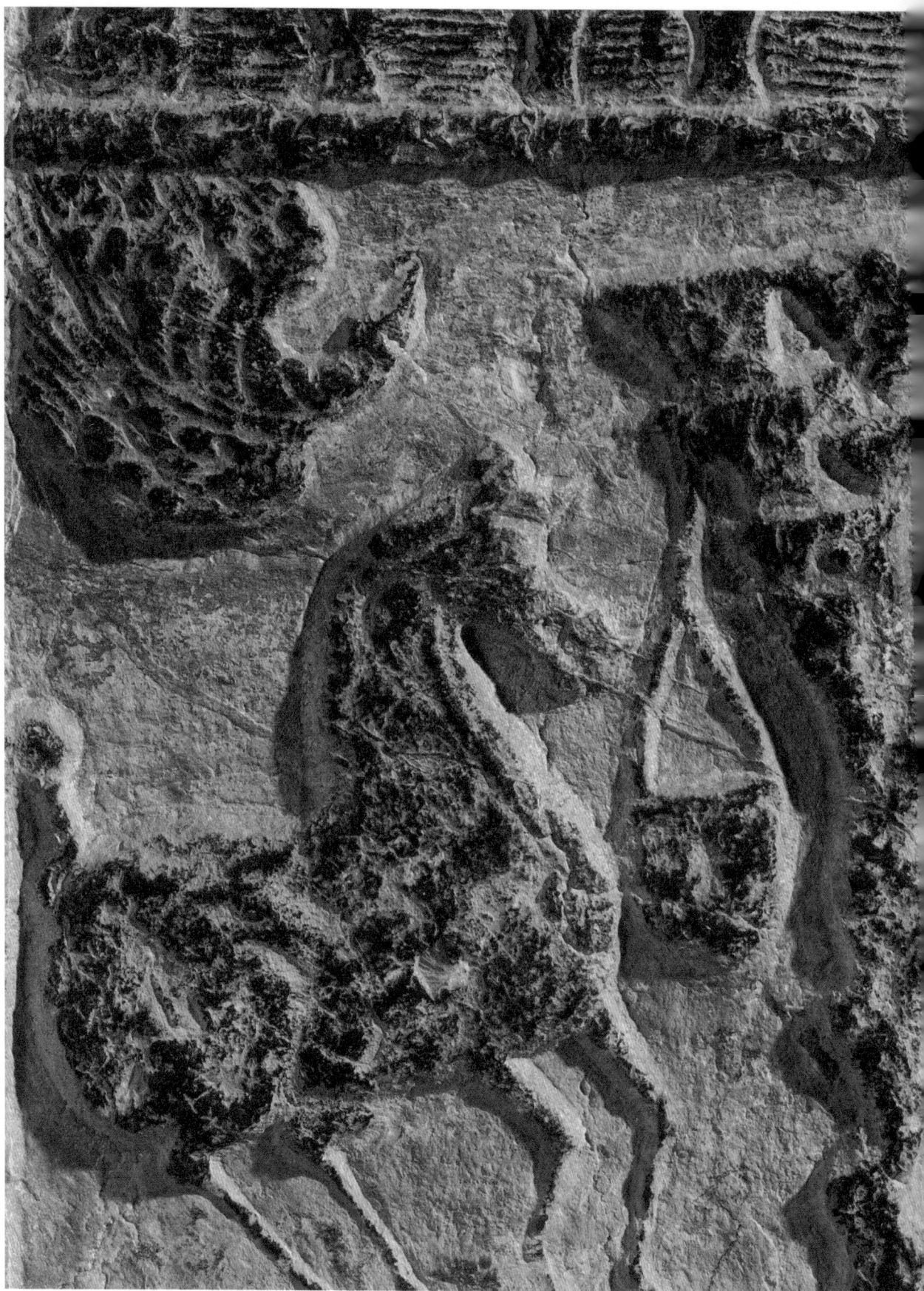

JS-XZ-088(1) 局部

编号	JS-XZ-088(2)
时代	东汉
出土/征集地	沛县县城出土
出土/征集时间	
原石尺寸	108×60×60
质地	石灰岩
原石情况	原石呈长方形，基本完整。
组合关系	
画面简述	此图为浅浮雕。画面分上下两格，上格一凤鸟，头有羽冠，面右昂首而立；下格亦为一凤鸟，头有羽冠，面左昂首而立。画面四周有双层框，上层框间填刻连弧纹，下层框间填刻三角形纹，左右框间填刻双层菱形纹。
著录与文献	江苏省文物管理委员会编著《江苏徐州汉画象石》，北京：科学出版社，1959年，图版56，图74；徐毅英主编《徐州汉画像石》，北京：中国世界语出版社，1995年，第60页，图74；中国画像石全集编辑委员会编《中国画像石全集4》，济南：山东美术出版社，郑州：河南美术出版社，2000年，第68页，图95；傅惜华、陈志农编，陈志农绘，陈沛箴整理《山东汉画像石汇编》，济南：山东画报出版社，2012年，第355页。
收藏单位	徐州汉画像石艺术馆

编号	JS-XZ-089
时代	东汉
出土/征集地	铜山县散存
出土/征集时间	
原石尺寸	43×91×41
质地	石灰岩
原石情况	原石呈长方形，基本完整。
组合关系	
画面简述	此图为浅浮雕。画面上部刻四条行船，每船皆有二人，左二船及最右船可见居右者皆撑篙；画面下部刻十鱼成两排左行。画面上下可见有框，上层框间为双层菱形纹。
著录与文献	武利华：《徐州汉画像石通论》，北京：文化艺术出版社，2017年，第50页。
收藏单位	徐州汉画像石艺术馆

编号	JS-XZ-090(1)
时代	东汉
出土/征集地	山东滕州木石镇汉墓出土
出土/征集时间	
原石尺寸	80×85×92
质地	石灰岩
原石情况	原石呈长方形，基本完整。
组合关系	
画面简述	此图为浅浮雕。画面分上下两格。上格可见六人，皆着及地长袍，面右拱手躬身而立；下格刻二骆驼（？），各载二人，左向而行。画面上下边有框，上下格之间刻双层菱形纹。
著录与文献	武利华：《徐州汉画像石通论》，北京：文化艺术出版社，2017年，第51页，图3-13。
收藏单位	徐州汉画像石艺术馆

编号	JS-XZ-090(2)
时代	东汉
出土/征集地	山东滕州木石镇汉墓出土
出土/征集时间	
原石尺寸	80×92×85
质地	石灰岩
原石情况	原石呈长方形，基本完整。
组合关系	
画面简述	此图为浅浮雕。画面刻车马出行，分为上下两格。上格左侧三人着及地长袍，面左拱手躬身而立，其右一导骑左行，再右一辆无盖轺车，车上一乘者、一御者，身后一从骑随行；下格刻三辆轺车左行，车上皆有一御者控缰，一乘者端坐。画面上下边有框，上下格之间刻双层菱形纹。
著录与文献	武利华：《徐州汉画像石通论》，北京：文化艺术出版社，2017年，第50页。
收藏单位	徐州汉画像石艺术馆

编号	JS-XZ-091(1)
时代	东汉
出土/征集地	山东滕州木石镇汉墓出土
出土/征集时间	
原石尺寸	
质地	石灰岩
原石情况	原石呈长方形，基本完整。
组合关系	
画面简述	此图为浅浮雕。画面分上下两格，上格刻一轺车，车上前有御者，后有乘者；下格刻一虎，张口露齿，肩背生翼，长尾上扬，左向而行。画面上下边有框，上下格之间刻双层菱形纹。
著录与文献	武利华：《徐州汉画像石通论》，北京：文化艺术出版社，2017年，第51页，图3-13。
收藏单位	徐州汉画像石艺术馆

2000-118

编号	JS-XZ-091(2)
时代	东汉
出土/征集地	山东滕州木石镇汉墓出土
出土/征集时间	
原石尺寸	
质地	石灰岩
原石情况	原石呈长方形，右上部残。
组合关系	
画面简述	此图为浅浮雕。画面分上下两格。上格漫漶，右侧残缺，左侧似表现山中（？），右下可见一人面左单膝跪（射？），其右二人面左而立；下格上部刻七只禽鸟，下部刻两排鱼左行（？）。画面上下边有框，上下格之间刻双层菱形纹。
著录与文献	武利华：《徐州汉画像石通论》，北京：文化艺术出版社，2017年，第51页，图3-13。
收藏单位	徐州汉画像石艺术馆

编号	JS-XZ-092
时代	东汉
出土/征集地	铜山区江庄镇
出土/征集时间	2002年征集
原石尺寸	132×85×25
质地	石灰岩
原石情况	原石下侧残。
组合关系	
画面简述	此图为浅浮雕。一说为阙，一说为表。下方大部已损，残余部分（？）分头及身两部。头部立面呈六边形，分上下两格。上格刻羽人饲凤：左侧羽人，散发，一手持物抬起，面右而立；右侧凤鸟，头有羽冠，尾分四歧，面左而立。下格中间立一柱，柱头为直枅一斗（？）二升结构，柱左二人面右跽坐，柱右一人凭几正坐，其右一侍者。六边皆有框。头部与身部之间饰一排圆点。身部残缺较甚，可见二龙首，皆生一角，其舌尖相触，一前足相抵。上、左、右三边有框。
著录与文献	杨孝军:《江苏徐州出土的汉代陵墓石雕》,《四川文物》2009年第1期，第81页，图4；武利华:《徐州汉画像石通论》，北京：文化艺术出版社，2017年，第46页，图3-7。
收藏单位	徐州汉画像石艺术馆

编号	JS-XZ-093
时代	东汉
出土/征集地	铜山县散存
出土/征集时间	
原石尺寸	82×251×14
质地	石灰岩
原石情况	原石呈长方形，已残损。
组合关系	
画面简述	此图为阴线刻。画面分左、中、右三栏。左栏刻战斗场景，中央为一辆无盖轺传左行，马前有二圆形物不明，车上前有御者，后有乘者；围绕该形象，画面左上角一人骑马，双手持戟（？）刺向其右下方之马，此人带马向后翻，马腹下有五个圆形物不明；上边中间及右侧各一人骑马张弓，左向而行；画面中间左侧一人骑马张弓向右上方奔去；车后一人骑马张弓，其后二人亦张弓仰射，但居上者未刻画弓及弦；画面下部左侧一人骑马，正装箭弩备射，鞍后悬一人首；中间一人一手持长戟前刺，一手握住飞来的箭羽，骑马右奔，鞍后亦悬一人首；其右一人张弓仰射，骑马面左立，马上方刻一犬，身后一人张弓向左上仰射。中栏为建筑人物题材，主体刻一座二层重檐四坡顶建筑。重檐屋面瓦垄清晰，上层为鳞片状，下层为纵向线纹状；屋顶左侧刻二龙，一龙面左，一龙回首右望，屋脊右侧一龙回首左望；建筑檐下有双柱，柱身连通两层建筑（似宋式"永定柱造"结构），柱头有栌斗（或双层替木），下有三层梯级状柱础；上层柱间左侧一人端坐于榻上，身前置一圈足壶，其身后似有一人，画面残损不可见，中间一人着长袍，跪坐于地，抬手似向左者端递一物，其身后三人跪坐谒见（？）；下层柱间二人格斗，居左者持盾及刀（或剑），居右者双手持矛（或戟）；柱外左侧一人，身形高大，面右而立；右侧一人亦身形高大，面左而立，但未刻画腿部，其身后上部一人面左跽坐，其下一人面右而立，皆拱手。右栏刻乐舞图像，画面左上角一人面右立，其右悬挂二钟三磬，其下三人跪坐，击钟磬，居右者背向画面，据发式判断为女性；画面左下有二人（女性），身形修长高大，皆着及地长裙，居右者裙摆饰波浪纹，二者扭身扬长袖对舞（一说巾舞或公莫舞），其中间一女子，梳双丫髻，正坐鼓瑟（抚琴？），其右有上下二人跽坐观看；画面右侧为建鼓舞场景，中一建鼓竖于平板上（或为地面），上有羽葆飘扬，鼓腔下系带状物（组？），二鼓者相对执桴击鼓，呈手舞足蹈状；下部二犬（？）相对，二犬中间可见一阶梯形物，似为建鼓基座。画面四周有框，框内填刻菱形线纹，每栏间隔亦饰菱形线纹。
著录与文献	
收藏单位	徐州汉画像石艺术馆

编号	JS-XZ-094
时代	东汉
出土/征集地	铜山县散存
出土/征集时间	
原石尺寸	82×251×15
质地	石灰岩
原石情况	原石呈长方形，已残损。
组合关系	
画面简述	此图为阴线刻。画面分左、中、右三栏。左栏刻建筑人物题材，左端为一座二层四坡顶建筑的右半侧，其屋面上方正脊平直，上可见二"山"字形脊饰，瓦垄清晰，右脊上立二鸟，上鸟下行啄下鸟翅膀，下鸟张翅欲飞；檐下有弧形帷幔，右侧一立柱贯通上下层（似宋式"永定柱造"结构），柱上部与檐口节点外侧可见双层替木（？），柱下有双层梯级状柱础；建筑物上层左侧一人仅见上半身，下有阶梯状物（一说为榻，一说为半高围屏）遮挡，其右一人伏地跪拜；下层左侧一人面右跽坐，中间一辇车，车轮八辐，右侧一鸟面左立于车辕上（？），右下角一鸟面右立；柱外有一楼梯通向二层，楼梯最上一人面左跽坐，身后四人依次上行，楼梯下一马左向，系于柱上；画面右侧上方刻一四坡顶建筑左半侧，正脊平直，瓦垄清晰，左脊上一鸟上行回首，檐下有弧形帷幔，内有二人，居左者探身屋外，居右者面左跽坐于地，建筑左下角系组带（？）。中栏刻车马出行，画面上层中间刻一辆三驾（无盖）轺车右行，车轮十四辐，车上前有御者控缰，后有乘者跽坐，可见乘者着长袍，袍下摆露于车外，三马上方刻一骑右行，车后一从骑跟随，其身后有二人荷戟右行；画面下部亦刻一辆三驾轺车右行，车轮八辐，车上前有御者控缰，后有乘者，车后一人面右拱手而立，车前一人拱手躬身迎接。右栏刻建筑人物题材，画面左上角刻二龙相戏，上龙剔底凿线纹；左下残，可见一（猿）猴沿画面左边上爬，其右一侍者荷棨戟（或矛？）面右立，对面一人面左，其身后一人拱手抬头面右立于建筑外侧；画面右侧刻一座二层四坡顶建筑的左半部，其屋面瓦垄清晰，左脊上一鸟右飞，垂脊上部可见一"山"字形脊饰；檐下左侧可见一立柱，柱身连通两层建筑（似宋式"永定柱造"结构）；檐下亦有帷幔，幔间系组带；上层左侧一人探身屋外，似与建筑外侧之人交谈，其右一人面右立，再右一人跪地拜谒，两人间可见一壶，最右一人端坐于长方形（高）榻上，转头左望，胸前可见二圆形物不明；下层一马面左，似低首于马槽进食，其身后一人面左，手持一物，似在刷马，再后一人佩剑（或环首刀）面左而立。画面四周有框，框间填刻双层菱形线纹。
著录与文献	
收藏单位	徐州汉画像石艺术馆

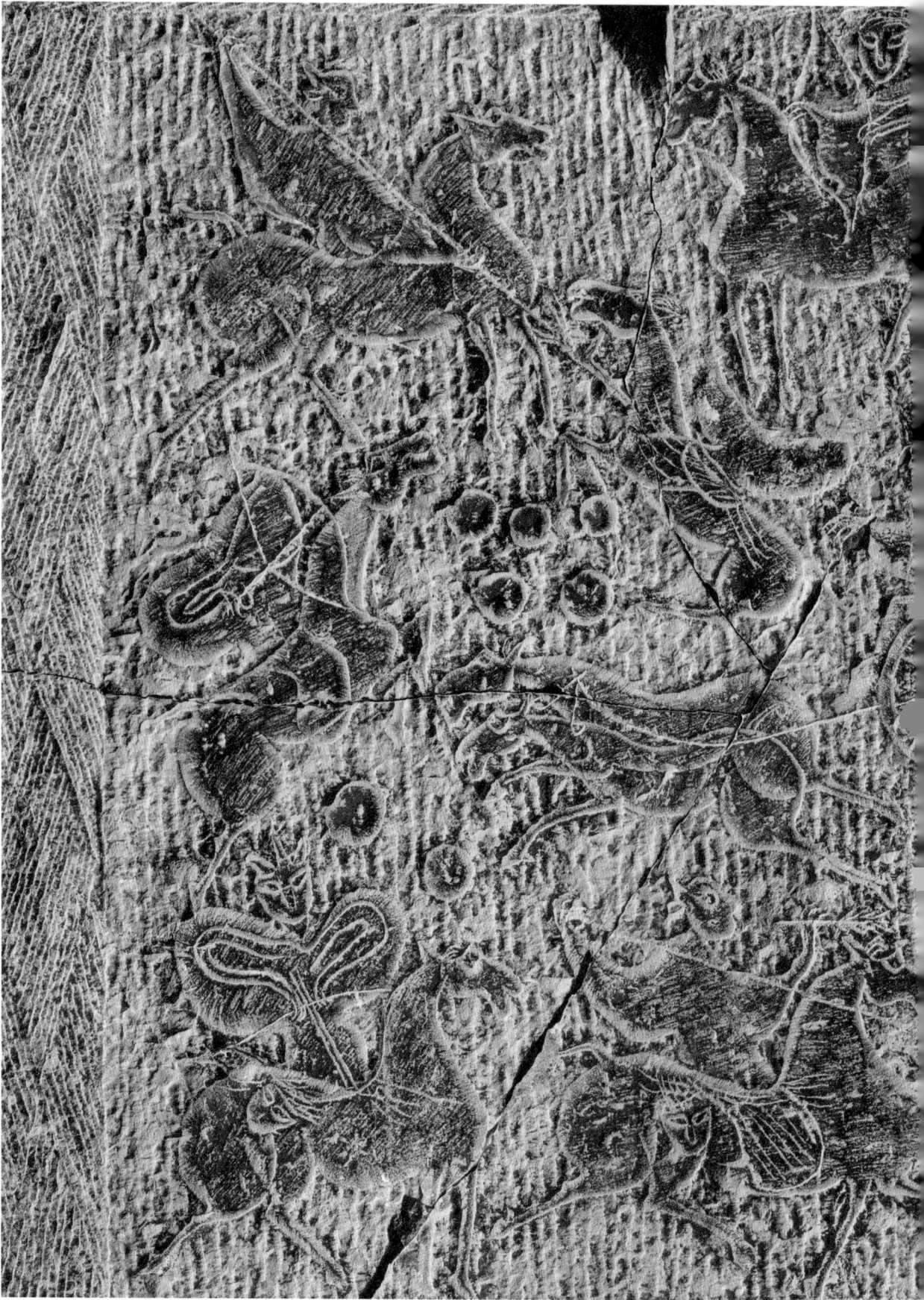

JS-XZ-093局部

JS-XZ-093 局部

JS-XZ-093局部

JS-XZ-094 局部

JS-XZ-094 局部

编号	JS-XZ-095(1)
时代	东汉
出土/征集地	铜山县散存
出土/征集时间	
原石尺寸	204×46×25
质地	石灰岩
原石情况	原石呈长方形，断为上下两块。
组合关系	
画面简述	此图为浅浮雕。画面分上下两格，上格刻铭文（共九列）："永甯元年七月中大□；□□□吏使工师析（？）；□□學事辨四方勤力自；□□畢成近逺来賀数百；□□善鄰東无成復自；□□年未有孫息□心皇天；□除七日□荣謝於後世當奉一；□觀者□之勿賊傷辟□来悉。"下格刻二结龙上行，二龙舌尖相互缠绕，一前足相抵，上身绕一结，尾部再成一结。画面四周有框，左右为双层框，框间填刻双层菱形纹。
著录与文献	
收藏单位	徐州汉画像石艺术馆

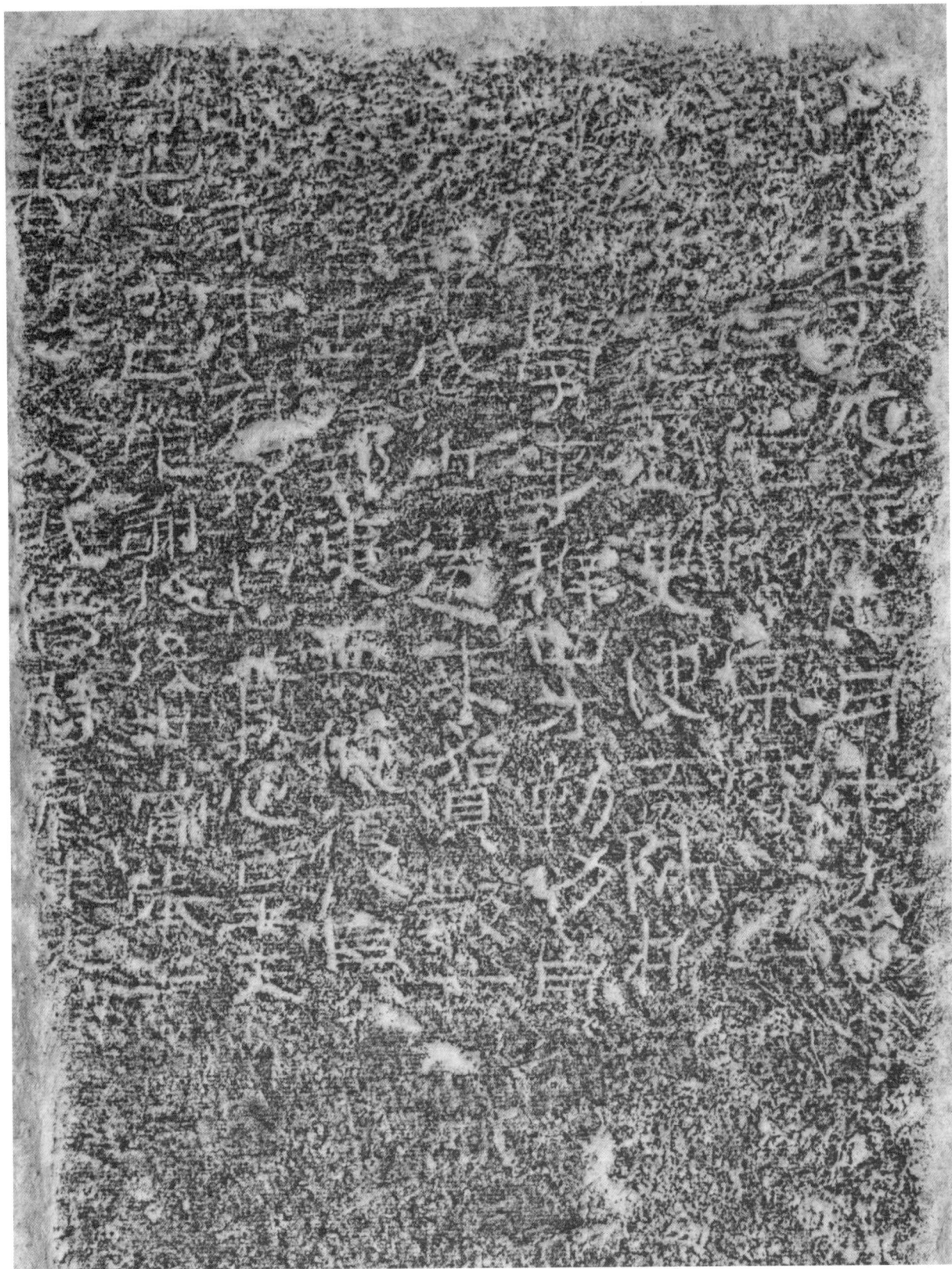

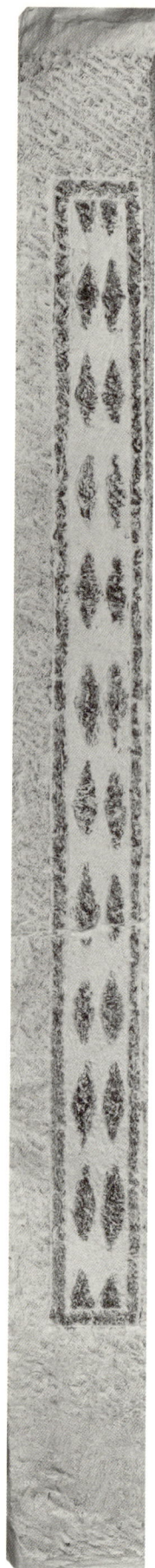

编号	JS-XZ-095(2)
时代	东汉
出土/征集地	铜山县散存
出土/征集时间	
原石尺寸	204×25×46
质地	石灰岩
原石情况	原石呈长方形，断为上下两块。
组合关系	
画面简述	此图为浅浮雕。画面刻双层菱形纹。画面四周有框。
著录与文献	
收藏单位	徐州汉画像石艺术馆

编号	JS-XZ-096(1)
时代	东汉
出土/征集地	铜山县散存
出土/征集时间	
原石尺寸	83×57×17
质地	石灰岩
原石情况	原石呈拱形，下端残。
组合关系	
画面简述	此图为浅浮雕，上部呈弓形，下部残缺。画面可见上下两格，上格刻一凤鸟，羽冠二歧，尾分四歧，左向立于一鱼背，衔一连珠，珠有二；连绳另一端连鱼首，此鱼左向。下格可见二龙首，皆有一角，可见一前足相抵。画面上、左、右三边有框。
著录与文献	
收藏单位	徐州汉画像石艺术馆

NT 7

编号	JS-XZ-096(2)
时代	东汉
出土/征集地	铜山县散存
出土/征集时间	
原石尺寸	83×17×57
质地	石灰岩
原石情况	原石呈拱形，下端残。
组合关系	
画面简述	此图为浅浮雕。画面刻双层菱形纹。画面左右两边有框。
著录与文献	
收藏单位	徐州汉画像石艺术馆

编号	JS-XZ-097
时代	东汉
出土/征集地	铜山县散存
出土/征集时间	
原石尺寸	82×205×15
质地	石灰岩
原石情况	原石呈长方形，基本完整。
组合关系	
画面简述	此图为阴线刻。画面中间偏右刻一四坡顶厅堂式建筑，正脊长直，瓦垄清晰，檐下双柱，柱头可见单层替木（？），柱间一人戴高冠（？），凭几而坐；左柱外侧檐下一人着及地束腰长袍，荷一棒（吾？），面右躬身而立；右柱外侧檐下一人着及地束腰长袍，持笏面左躬身而立。
著录与文献	
收藏单位	徐州汉画像石艺术馆

编号	JS-XZ-098(1)
时代	东汉
出土/征集地	铜山县散存
出土/征集时间	
原石尺寸	106×87×30
质地	石灰岩
原石情况	原石呈抱鼓形，基本完整。
组合关系	
画面简述	此图为阴线刻。画面左侧刻一人，头戴网状武弁，着及地长袍，面右而立，其右一马左行。
著录与文献	
收藏单位	徐州汉画像石艺术馆

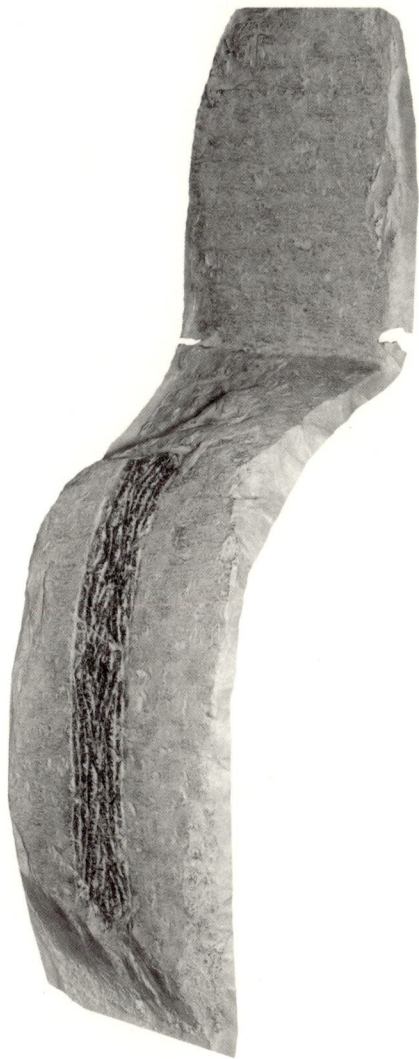

编号	JS-XZ-098(2)
时代	东汉
出土/征集地	铜山县散存
出土/征集时间	
原石尺寸	106×30×87
质地	石灰岩
原石情况	原石呈抱鼓形，基本完整。
组合关系	
画面简述	此图为阴线刻。画面刻菱形套环纹饰带。
著录与文献	
收藏单位	徐州汉画像石艺术馆

编号	JS-XZ-099(1)
时代	东汉
出土/征集地	铜山县散存
出土/征集时间	
原石尺寸	104×93×28
质地	石灰岩
原石情况	原石呈抱鼓形，基本完整。
组合关系	
画面简述	此图为阴线刻。画面刻一人，衣袖蓬张，袍角左右呈燕尾状分开，双履前端上翘，口衔蛇身（？），环目龇牙，双手弄蛇，一说为土伯食蛇。
著录与文献	
收藏单位	徐州汉画像石艺术馆

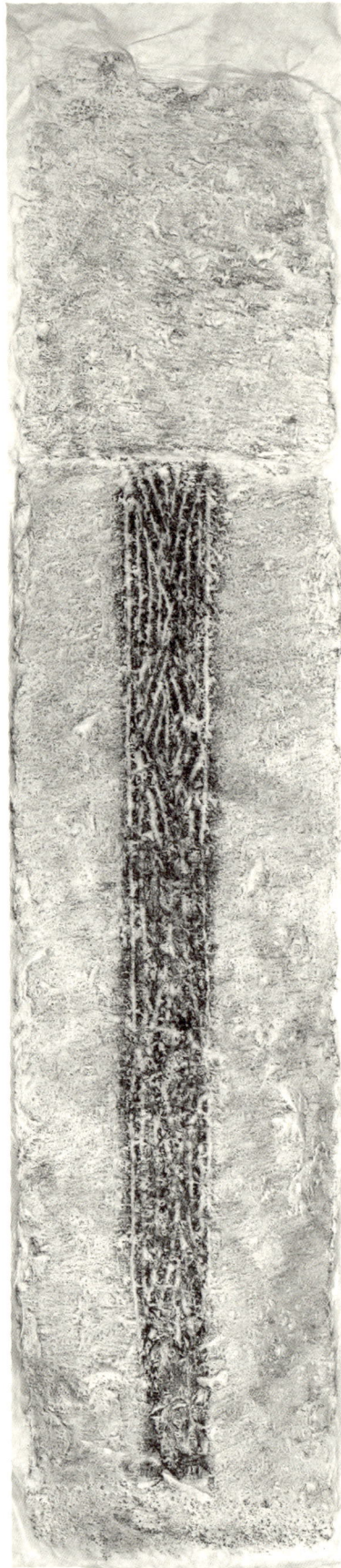

编号　　　　　JS-XZ-099(2)

时代　　　　　东汉

出土/征集地　　铜山县散存

出土/征集时间

原石尺寸　　　104×28×93

质地　　　　　石灰岩

原石情况　　　原石呈长方形，基本完整。

组合关系

画面简述　　　此图为阴线刻，画面刻菱形套环纹饰带。

著录与文献

收藏单位　　　徐州汉画像石艺术馆

编号	JS-XZ-100(1)
时代	东汉
出土/征集地	铜山县散存
出土/征集时间	
原石尺寸	124×100×37
质地	石灰岩
原石情况	原石呈抱鼓形，基本完整。
组合关系	
画面简述	此图为阴线刻。画面上刻一人，形象巨大，阔鼻髭须，着及膝袍（？），袍角分张，双履前端上翘，双手持棒（吾？），正面立，其足下可见一鹳（或鹤），左向回身，低首啄一鱼；画面中部左侧一龙，通身披鳞，可见四足，长尾内卷，蜿蜒向右上而行，身下可见二鹳（或鹤）左行；画面下部刻车马出行，左侧二人，皆着甲衣（？），荷棨戟（？）左行，身后为一轺车，马首饰缨，其马四足扬起呈飞奔状，车盖坠有四组饰物，车上一御者控缰，一乘者端坐，其后一从骑，马首亦饰缨，呈左向飞奔状。
著录与文献	
收藏单位	徐州汉画像石艺术馆

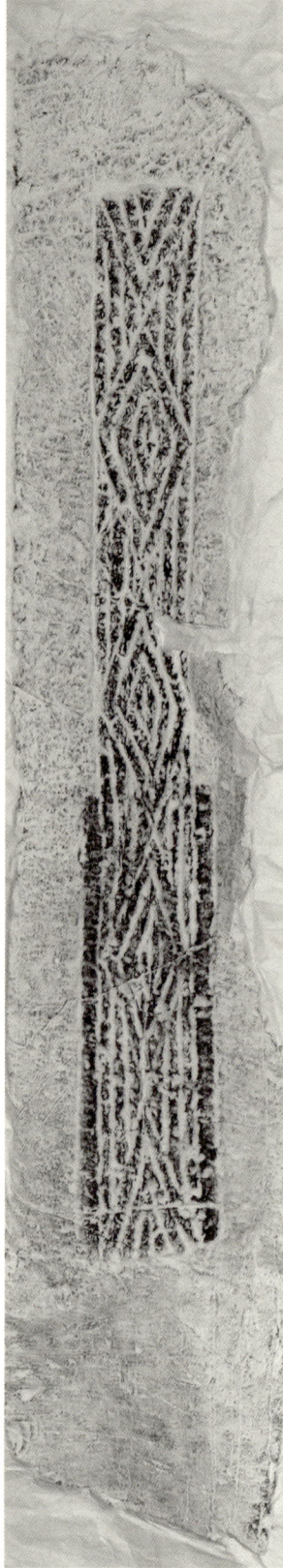

编号	JS-XZ-100(2)
时代	东汉
出土/征集地	铜山县散存
出土/征集时间	
原石尺寸	124×37×100
质地	石灰岩
原石情况	原石呈长方形，基本完整。
组合关系	
画面简述	此图为阴线刻，画面刻菱形套环纹饰带。
著录与文献	
收藏单位	徐州汉画像石艺术馆

编号	JS-XZ-101
时代	东汉
出土/征集地	铜山县散存
出土/征集时间	
原石尺寸	83×108×15
质地	石灰岩
原石情况	原石呈长方形，右侧残。
组合关系	
画面简述	此图为阴线刻，右侧残缺。画面刻一对重檐阙，阙顶正脊高大，近似倒三角形；重檐阙顶瓦垄清晰，檐下（楼部）刻水平横线纹理，阙身为立柱，柱身刻斜线纹理，下外侧各有方形基座（柱础）；左右二阙上下垂脊外侧各有一鸟回首啄羽，二阙中间上下各一猴向左攀爬；两阙中间二人持棨戟，骑马迎面而来，右者右侧一鸟长颈，扬首；左阙外侧一人，拄杖，面右躬身而立，右阙外侧一人面左躬身低首喂一鸟，鸟立于柱外方形基座上。四周可见三层框，框间皆填刻菱形线纹。
著录与文献	
收藏单位	徐州汉画像石艺术馆

编号	JS-XZ-102
时代	东汉
出土/征集地	铜山县吕梁乡出土
出土/征集时间	
原石尺寸	90×121×14
质地	石灰岩
原石情况	原石呈长方弓形，上端及左下角残。
组合关系	
画面简述	此图为阴线刻。画面上部及左下角残缺，刻建筑人物题材。画面主体为一座四坡顶多层建筑，其顶部残损，残余部分可见二人似于双柱间对坐，柱下两侧似有栏板（栏楯），且柱外栏板之上各置一壶，仅见壶身。下层建筑有楼梯与上层相通，一人正沿楼梯下楼，楼梯右侧另有一人着束腰袍服，手捧一樽右行。该层建筑空间两侧为坡顶屋面，瓦垄清晰，垂脊外各一羽人向上奔跑。再下一层可见双柱，柱下左右设有栏板（栏楯），柱顶置单层替木（？）承檐，檐下悬垂幔，幔间系组带；两柱间二人六博对弈，中间可见六博棋盘及算筹；柱外檐下栏板上各有一人肩荷一棒（吾），面中踞坐，其身后各有一人，面中拱手（持笏？）躬立。画面底层似表现建筑台基以外的部分，中间一楼梯与上层相通；左端一人横持一杆状物左行；其后两辆轺车，车上前有御者一手持鞭一手控缰，后有乘者。画面左右两边有框，框内饰点纹。
著录与文献	
收藏单位	徐州汉画像石艺术馆

编号	JS-XZ-103
时代	东汉
出土/征集地	铜山县散存
出土/征集时间	
原石尺寸	80×77×10
质地	石灰岩
原石情况	原石呈方形，基本完整。
组合关系	
画面简述	此图为阴线刻。画面刻建筑人物题材，主体为一座四坡顶厅堂式建筑，正脊平直，正脊与垂脊脊身皆饰折线纹，正脊上有四鸟面左而立；左侧垂脊外为二鹳（鹬？）啄一鱼；右侧垂脊外侧上一鹳（鹬？）啄正脊右侧鸟翅，下一怪兽（一说为蟾蜍）扭身正面张臂栖于垂脊上；檐下左右各一立柱，柱头有栌斗承檐，柱身与栌斗皆饰三角形线纹；两柱间二人对坐，居左者持笏，居右者凭几，左侧柱外檐下一人持笏面右跽坐，右侧柱外檐下一人持笏面左躬立。画面下方似表现建筑台基之外的部分，其左侧一楼梯与上层建筑相通，楼梯右侧可见三人，皆着束腰及地长袍，依次面左拱手而立。画面四周有框。
著录与文献	
收藏单位	徐州汉画像石艺术馆

编号	JS-XZ-104
时代	东汉
出土/征集地	铜山县吕梁乡出土
出土/征集时间	
原石尺寸	81×81×12
质地	石灰岩
原石情况	原石呈方形，基本完整。
组合关系	
画面简述	此图为阴线刻。画面刻二者着束腰及地袍服对立；居左者面右持笏；居右者戴武弁，面左拱手。画面上、左、右三边有框，框内饰点纹。
著录与文献	
收藏单位	徐州汉画像石艺术馆

编号	JS-XZ-105
时代	东汉
出土/征集地	铜山县吕梁乡出土
出土/征集时间	
原石尺寸	118×88×8
质地	石灰岩
原石情况	原石呈长方形,基本完整。
组合关系	
画面简述	此图为阴线刻。画面分上下两格。上格刻二柏树(一说为常青树),树上各立一鸟,相对而立,鸟皆头生羽冠,尾分三歧。下格刻二人物,居左者戴武弁,着长袍,腰悬绶带(?),拱手面左跪坐;居右者着长袍,一手执棨戟,一手握一粗棒状物(一说为吾,一说为卷席)。画面四周有双层框。
著录与文献	
收藏单位	徐州汉画像石艺术馆

编号	JS-XZ-106
时代	东汉
出土/征集地	铜山县散存
出土/征集时间	
原石尺寸	81×146×20
质地	石灰岩
原石情况	原石呈长方形，基本完整。
组合关系	
画面简述	此图为阴线刻。画面下部左侧一人着及地长袍，面右拱手躬身而立，其右一人形象较小（或为儿童），面右而立；画面中间立一杆（或柱），其右拴一马，杆下置一顶部下凹的方形物，似马槽；最右一人着长袍，面左拱手躬身而立。画面四周有框。
著录与文献	
收藏单位	徐州汉画像石艺术馆

编号	JS-XZ-107
时代	东汉
出土/征集地	铜山县散存
出土/征集时间	
原石尺寸	82×173×20
质地	石灰岩
原石情况	原石呈长方形，基本完整。
组合关系	
画面简述	此图为阴线刻。画分左右两栏。左栏刻二人，皆戴武弁，着长袍，宽袖垂弧，腰有束带，相对而立；居左者躬身持笏；居右者伸手，可见五指。右栏左侧一人着长袍，宽袖垂弧，腰有束带，面右躬身拱手而立；右侧一人或为女性，发前似有簪，宽袖垂弧，腰有束带，其长裙曳地，拱手躬身面左而立，其左下一小儿，形象较小，亦着长袍，面右扶右者衣裙。各栏画面上、左、右三边有框。
著录与文献	
收藏单位	徐州汉画像石艺术馆

编号	JS-XZ-108
时代	东汉
出土/征集地	铜山县散存
出土/征集时间	
原石尺寸	81×142×20
质地	石灰岩
原石情况	原石呈长方形，基本完整。
组合关系	
画面简述	此图为阴线刻。画面刻五人。左侧及中间各立一大一小二人；大者应为女性，发前似有簪，着束腰曳地长袍，面右拱手躬身而立；小者应为儿童，亦着袍服，面右而立。右端一人，着曳地袍服，袍肩及袖鼓张，正面跽坐。画面四周有框。
著录与文献	
收藏单位	徐州汉画像石艺术馆

编号	JS-XZ-109
时代	东汉
出土/征集地	铜山县散存
出土/征集时间	
原石尺寸	80×159×20
质地	石灰岩
原石情况	原石呈长方形，断为两块。
组合关系	
画面简述	此图为阴线刻。画面刻四人物。居左者戴冠（？），着及地长袍，腰有束带，并悬一剑，一手前伸，面右倚靠左侧边框；其右一人，头顶一髻，着长袍，腰有束带，面左一手平端（一物？），躬身而立；其身后二人皆戴冠（？），着及地长袍，腰有束带，并悬一剑，面左躬身拱手而立。画面四周有框，其左侧可见双层框。
著录与文献	
收藏单位	徐州汉画像石艺术馆

编号	JS-XZ-110
时代	东汉
出土/征集地	铜山县散存
出土/征集时间	
原石尺寸	76×266×15
质地	石灰岩
原石情况	原石呈长方形，断为三块。
组合关系	
画面简述	此图为阴线刻。画面分左、中、右三栏。左栏刻狩猎场景，左上角一兔（？），形象较小，向左飞奔；其身后一猎犬追逐，其下左侧一野猪（？）向右飞奔；右侧一人跨步向左奔跑，张开双臂，左手持一物不明，右手持刀，欲砍杀猎物；中间一小鹿向左下飞奔；画面下部左侧一虎，长尾后扬，可见斑纹，张口露齿，向右飞奔；其右一牛，有双角，似半卧于地，右向回首左望。中栏刻菱形穿环纹，共五环、环及穿环带皆饰点纹。右栏刻三鱼拉车右行，车上前有御者控缰，后有乘者；车盖为二鱼形相对；车下一龙，蜿蜒向上，张口顶住车身。各栏四周皆有边框，框内饰三角形线纹，各栏间饰菱线形纹；画面四周亦有边框，框间填刻菱形线纹。
著录与文献	
收藏单位	徐州汉画像石艺术馆

编号	JS-XZ-111
时代	东汉
出土/征集地	铜山县散存
出土/征集时间	
原石尺寸	94×105×10
质地	石灰岩
原石情况	原石呈长方形，断为两块，右侧可见门枢。
组合关系	
画面简述	此图为阴线刻。画面刻二人物。居左者头戴介帻，着垂胡袖及地长袍，腰有束带，捧盾面左躬身而立；其身后一人亦着垂胡袖及地长袍，腰有束带，手持一短柄戟，面左躬身而立。
著录与文献	
收藏单位	徐州汉画像石艺术馆

编号	JS-XZ-112
时代	东汉
出土/征集地	铜山县散存
出土/征集时间	
原石尺寸	68×93×12
质地	石灰岩
原石情况	原石呈长方形，左上角残。
组合关系	
画面简述	此图为阴线刻。画面刻建筑人物题材，下部残缺。主体为一四坡顶厅堂式建筑，正脊平直，垂脊两侧上方各一圆形，似表现日轮及月轮；瓦垄清晰，檐下双柱，柱头各一单层替木承檐；两柱间一人凭几而坐，左侧柱外檐下可见一（胡）人上部，带尖帽，肩荷一棒（吾？），右侧柱外檐下一人拱手躬身。建筑两侧各一柏树（一说为常青树）。
著录与文献	
收藏单位	徐州汉画像石艺术馆

编号	JS-XZ-113(1)
时代	东汉
出土/征集地	铜山县散存
出土/征集时间	
原石尺寸	126×93×30
质地	石灰岩
原石情况	原石呈抱鼓形，基本完整。
组合关系	
画面简述	此图为浅浮雕结合阴线刻。画面上部残缺，可见一人腿足；中间刻一骑右行；下部左侧为一轺车，车上前有御者控缰，后有乘者，车盖侧面呈扁三角形；车前一人引导，着短衣，垂首荷棨戟右行。画面右侧可见框，框内饰波形纹。
著录与文献	武利华主编《徐州汉画像石精选》，北京：线装书局，2001年，第1页，图1。
收藏单位	徐州汉画像石艺术馆

编号	JS-XZ-113(2)
时代	东汉
出土/征集地	铜山县散存
出土/征集时间	
原石尺寸	126×30×93
质地	石灰岩
原石情况	原石呈抱鼓形，基本完整。
组合关系	
画面简述	此图为浅浮雕。画面刻一龙上行，龙首生一角，长尾卷曲。
著录与文献	
收藏单位	徐州汉画像石艺术馆

编号	JS-XZ-114
时代	东汉
出土/征集地	铜山县散存
出土/征集时间	
原石尺寸	52×51×14
质地	石灰岩
原石情况	原石呈方形，左、下侧皆残。
组合关系	
画面简述	此图为阴线刻。画面刻建鼓舞场景。中间立一建鼓，鼓腔上有波浪形纹饰；其上饰羽葆，羽盖呈弓形，上部两侧各立一鸟，相对而立，回首外望；两侧羽饰自鼓腔中间向外飘扬，前段有支撑，弯曲处似坠铙（或铎），尾端有两层流苏飘扬；羽饰上部两侧各一鸟向内飞，下部各一圆形物，内饰多层环（一说为鼗鼓）；鼓座为虎型，此虎身见斑纹，长尾上扬，四肢迈开，回首张口；建鼓两侧各一人双手执桴跨步击鼓。画面上、右两边可见框，框内填刻菱形线纹。
著录与文献	武利华主编《徐州汉画像石精选》，北京：线装书局，2001年，第6页，图6；武利华：《徐州汉画像石通论》，北京：文化艺术出版社，2017年，第252页，图8-38。
收藏单位	徐州汉画像石艺术馆

编号	JS-XZ-115(1)
时代	东汉
出土/征集地	铜山县茅村出土
出土/征集时间	
原石尺寸	66×82×20
质地	石灰岩
原石情况	原石呈抱鼓形，上端残。
组合关系	
画面简述	此图为浅浮雕。画面上部残缺，可见二禽鸟（推测应为鹤或鹳）的下身，其右下三鹿左奔。画面下部左侧刻一树，枝杈交错；树右下部有食槽，内饰网纹，上系一牛，低首似呈进食状。
著录与文献	武利华主编《徐州汉画像石精选》，北京：线装书局，2001年，第2页，图2。
收藏单位	徐州汉画像石艺术馆

IT 166

编号	JS-XZ-115(2)
时代	东汉
出土/征集地	铜山县茅村出土
出土/征集时间	
原石尺寸	66×20×82
质地	石灰岩
原石情况	原石呈抱鼓形，上端残。
组合关系	
画面简述	此图为浅浮雕。画面刻一虎（？）上行，长尾后扬。
著录与文献	
收藏单位	徐州汉画像石艺术馆

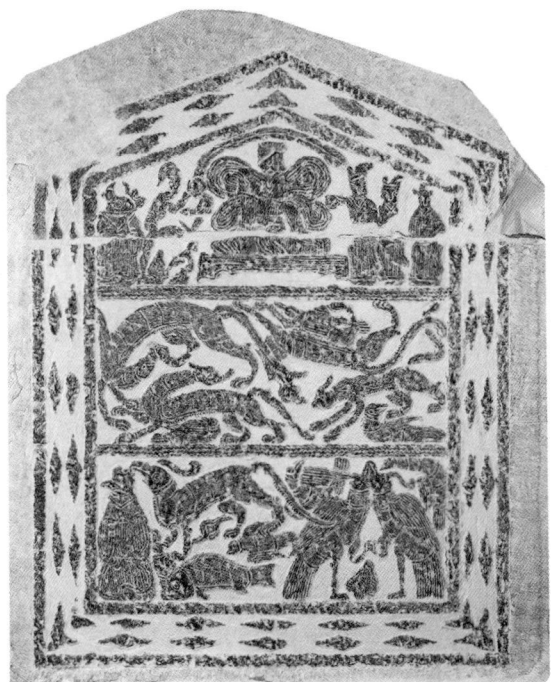

编号	JS-XZ-116
时代	东汉
出土/征集地	邳县陆井乡庞口村出土
出土/征集时间	
原石尺寸	116×98×24
质地	石灰岩
原石情况	原石呈五边形，断为上下两块。
组合关系	
画面简述	此图为浅浮雕。画面从上至下分三格。上格正中刻一人袖手端坐于榻上，身着广袖长袍，袖口蓬张；其左立一羽人，手持一长羽（作为华盖）遮于坐者头顶；羽人之左有一牛首（一说兔首）人身神怪，身着长袍，拱手而立；坐者之右为三人侍立，皆身着长袍。中格刻四兽，皆有长尾，上排左一兽俯身回首咬其右后足，右一兽四足朝上，回首向下，其腹部有一飞鸟；下排左一兽回首后望，右一兽作左向奔跑状，二兽身下各有一鸟。下格左端刻一鸟首人身神怪，身着长袍，面左袖手而立；其右上有一鸟首四足怪兽，鸟首生羽冠，身后长尾下垂，左后足踩一飞鸟，兽身下有一鱼；右端为二凤鸟昂首并颈而立，皆头生羽冠，抬一足相抵，鸟首紧贴，二凤鸟左上、右上各有一鸟，凤鸟之间有一物饰网状纹理，似为一树（？）。画面四周有双层框，框间填刻双层菱形纹，其中上边框为"人"字形。
著录与文献	徐毅英主编《徐州汉画像石》，北京：中国世界语出版社，1995年，第75页，图96；郝利荣：《徐州新发现的汉代石祠画像和墓室画像》，《四川文物》2008年第2期，图版2-1；武利华：《徐州汉画像石通论》，北京：文化艺术出版社，2017年，第274页，图9-11。
收藏单位	徐州汉画像石艺术馆

编号	JS-XZ-117
时代	东汉
出土/征集地	铜山县茅庄村北洞山出土
出土/征集时间	
原石尺寸	113×100×23
质地	石灰岩
原石情况	原石呈五边形，左下角残。
组合关系	
画面简述	此图为浅浮雕。画面从上至下分四格。上格左侧正中刻西王母（？）端坐于一I字形台座（神架）之上，肩生双翼，身着长袍，左右各有一飞翔的羽人；台座左右各有一兽（一说为龙），皆肩生翼，身有鳞，昂首面对坐者，抬一前足搭于台座之上；右侧为玉兔捣药（？）图像，二兔隔一臼相对而立，各执二杵，以其中一杵在臼中捣药。第二格左端刻重峦叠嶂，山间有一兔三鸟，山坡上有一长尾兽攀登；山右有众鸟兽向山而来，皆作飞奔状，最前为一鹿（？），回首而望，其上有一飞鸟，其下有一兽，其后亦有一兽；再后为一鹿，头生角，鹿下方有一鸟，右上方有一兽；右端有一鹿昂首而立；鸟兽间有云气纹。第三格左端刻二兽相对交颈而立，皆回首后望，前足抬至对方下颌，长尾上扬；二兽下方有一兽首；其右刻二兽扭身向下，仅一足撑地，其余三足腾空，身体翻转如拱桥状，颈部交叉，互咬对方之尾；右端为一凤（鸾）鸟展翅，头生羽冠，口衔丹丸（？）而立。下格刻车马行列，最左为一辎軿（或轩），车轮八辐，车前马首饰缨，车厢前坐一御者；车后有一从骑，马首饰缨；最右为一辇车，车前马首饰缨，车厢前坐一御者；辇车上方有一飞鸟，车后有一鸟。画面四周有双层框，其中上边框为人字形，左坡高于右坡；上、左、右框间填刻卷云纹，下框间填刻连弧纹。
著录与文献	徐毅英主编《徐州汉画像石》，北京：中国世界语出版社，1995年，第76页，图98；武利华主编《徐州汉画像石精选》，北京：线装书局，2001年，第25页，图25；郝利荣：《徐州新发现的汉代石祠画像和墓室画像》，《四川文物》2008年第2期，图版2-2；武利华：《徐州汉画像石通论》，北京：文化艺术出版社，2017年，第274页，图9-12。
收藏单位	徐州汉画像石艺术馆

编号	JS-XZ-118
时代	东汉
出土/征集地	徐州南部地区散存
出土/征集时间	
原石尺寸	100×98×30
质地	石灰岩
原石情况	原石呈抱鼓形，基本完整。
组合关系	
画面简述	此图为浅浮雕。画面呈靴形，从上至下分四格，第一、二格窄于第三、四格。第一格刻二兽，左兽作奔跑状，右兽站立。第二格刻三人拱手端坐，皆梳高髻，身着长袍。第三格刻三龙（？）扭转腾挪，皆张口，身覆鳞片，左、右二兽头生角，身后有长尾。下格刻车马行列，左端为一辆二帷辂车，曲辕系于马首，车轮十辐，车内一御者一乘者；其右为一导骑；右端一人拱手持笏（？）躬身迎迓，其长袍及膝，下身内着长裤，足下穿鞋。第二、三格之间以双层框相隔，框间填刻卷云纹。画面上、下、右有双层框，框间填刻卷云纹。
著录与文献	郝利荣：《徐州新发现的汉代石祠画像和墓室画像》，《四川文物》2008年第2期，第64页，图10。
收藏单位	徐州汉画像石艺术馆

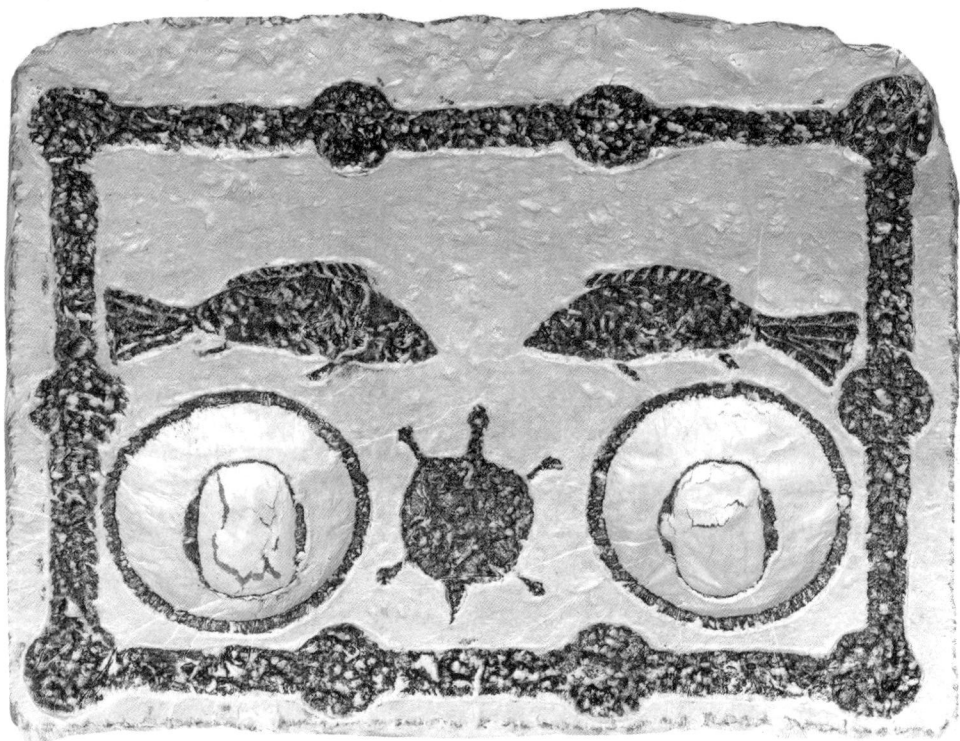

编号	JS-XZ-119
时代	东汉
出土/征集地	徐州睢宁古邳散存
出土/征集时间	
原石尺寸	69×83×20
质地	石灰岩
原石情况	原石呈长方形，基本完整。
组合关系	
画面简述	此图为浅浮雕。画面上层刻二鱼相对；下层正中为一龟（鳌），四肢伸展，其左右各有一凹雕的盘，盘边沿以浅浮雕凸出石面，其底部又以凹雕技法刻出一耳杯，耳杯边沿亦以浅浮雕刻出。画面四周有框，四角及框边有等距圆点（意义不明）。
著录与文献	郝利荣：《徐州新发现的汉代石祠画像和墓室画像》，《四川文物》2008年第2期，第63页，图1。
收藏单位	徐州汉画像石艺术馆

编号	JS-XZ-120
时代	东汉
出土/征集地	徐州铜山县散存
出土/征集时间	
原石尺寸	62×263×22
质地	石灰岩
原石情况	原石呈长方形，断为三块。
组合关系	
画面简述	此图为浅浮雕结合线刻技法。1. 半人半龙神。2. 形象漫漶不易辨，一人物着宽袖袍服（？），面右抬手跽坐（？）。3. 一人骑鹿，双手控缰。4. 一人骑羊（？），双手控缰。5. 一人（一说为星君）着左衽短衣，双腿微屈，面左而立，头部上方有十一个梭形点串成半弧形。6. 一人戴冠（？），着曳地长袍，腰悬绶带面左而立。7. 一神怪（一说为蟾蜍）头顶尖耳，圆腹，四肢张开，形象四周可见六环由带串成的圆形环绕。8. 一人着短衣，双腿微屈，跣足面左而立，头部上方由一带状物围成半弧形。9. 两条双龙首的拱形（霓虹？），下方可见云气（？）。10. 鸟车：三鸟左向拉车，车上可见二人皆戴山形冠（？），或为御者及乘者，下有盘蛇为车轮。鸟前方另有一蛇（？）呈反S形姿态。11. 鱼车：三鱼左向拉车，车上二人皆戴山形冠（？），或为御者及乘者，下有盘蛇为车轮。12. 骑鱼神怪，左向而行，鱼身下线刻四足。13. 龙车：三龙左向拉车，龙口（及下颌处）

衔缰，车上坐二人，居左者戴进贤冠（？），居右者戴山形冠（？），或为御者及乘者，下有盘蛇为车轮，蛇身可见鳞纹。14. 鹿车：三鹿左向拉车，鹿身有圆点纹，车上可见二人皆戴山形冠（？），或为御者及乘者，下有盘蛇为车轮。15. 半人半龙神，头戴进贤冠，拱手左向而立。画面四周有框，其中上、左、右三边框内填刻卷云纹，下边框内填刻菱形套环纹、波形线纹和菱形线纹。

著录与文献　郝利荣：《徐州新发现的汉代石祠画像和墓室画像》，《四川文物》2008年第2期，第65页，图12。

收藏单位　徐州汉画像石艺术馆

编号	JS-XZ-121
时代	东汉
出土/征集地	徐州铜山县吕梁乡散存
出土/征集时间	
原石尺寸	74×83×10
质地	石灰岩
原石情况	原石呈方形，基本完整。
组合关系	

画面简述　此图为线刻浮雕。画面刻建筑人物题材。主体为一四坡顶厅堂式建筑，正脊长直，两端伸出屋面，瓦垄清晰；垂脊两侧各有一圆形，似表示日轮及月轮；檐下双柱，柱顶可见栌斗，栌斗上方各顶托一层替木承檐；柱间二人相对跪坐，皆身着长袍，手抬起，呈交谈状；左柱外侧檐下一侍者面右跪坐；右柱外檐下一侍者，手持便面左向跪坐；建筑左右两侧各有一柏树（一说为常青树）。

著录与文献　郝利荣：《徐州新发现的汉代石祠画像和墓室画像》，《四川文物》2008 年第 2 期，第 63 页，图 2。

收藏单位　徐州汉画像石艺术馆

编号	JS-XZ-122
时代	东汉
出土/征集地	徐州邳县汉墓出土
出土/征集时间	
原石尺寸	104×85×19
质地	石灰岩
原石情况	原石呈长方形，基本完整。
组合关系	
画面简述	此图为浅浮雕结合透雕的墓窗石。画面分上下两格。上格左上角以透雕技法刻一墓窗，窗口由外至内分为三层梯级窗框，外层窗框四周饰双层边框，框间填刻三角形纹；窗口内有五道截面呈三角形（正面棱线削为平面）竖直窗棂；窗棂间镂空为纵向排列的细孔（或表示竹篾网）。窗右为二虎首尾相对，互咬对方后腿，下方自右边框探入一兽，咬住右虎之足。窗下方刻左行车马行列，左端为一导骑，马首饰缨，四蹄腾空，作飞奔状，骑者一手持马鞭；其后为一辆一马辇车，马首饰缨，马颈套车轭，马身架带刺曲辕，车轮八辐，车厢内有一御者二乘者，御者双手控缰，车厢后部有一拱形盖；右端一人躬身而立，身着宽袖长袍，双手平举，手掌朝上摊开，呈恭送姿态；导骑左方有二鸟首，上、下各有一飞鸟；导骑与辇车之间有一飞鸟；辇车上方有二飞鸟；站立者下方有一鸟。下格左端刻一阙，阙顶正脊两端上翘，且各有一鸟首探出；阙前一门吏面阙而立，着及膝袍，双手持桴击鼓；门吏上方有一飞鸟；门吏右侧有一人面右躬身捧盾而立，头戴武弁，长袍及膝；右端为一马拉一辋车，马首饰缨，马颈套车轭，马身架曲辕，车轮八辐，车厢口坐一御者，双手控缰，车厢侧面开一小窗，后部可见一方形物（一说为车门）；马下方卧一鸟，车右下方有一（芝？）草。画面四周有双框，除窗框及上边框刻单层菱形纹，框间皆填刻双层菱形纹。
著录与文献	郝利荣:《徐州新发现的汉代石祠画像和墓室画像》,《四川文物》2008年第2期，第66页，图14。
收藏单位	徐州汉画像石艺术馆

编号	JS-XZ-123
时代	东汉
出土/征集地	徐州邳县汉墓出土
出土/征集时间	
原石尺寸	104×87×15
质地	石灰岩
原石情况	原石呈长方形，基本完整。
组合关系	

画面简述　此图为浅浮雕结合透雕的墓窗石。画面分上下两格。上格右上角以透雕技法刻一墓窗，窗口由外至内分为三层梯级窗框；窗口内有五道截面呈三角形竖直窗棂；窗棂间镂空为纵向排列的细孔（或表示竹篾网）。窗左浮雕二虎首尾相对，互咬对方后腿，下方左侧边框探入一兽，咬住右虎之足。窗下方刻建筑人物场景，主体为一四坡顶厅堂式建筑，正脊与垂脊两端上翘，屋面线刻横向波形纹理，表示层层板瓦覆盖；左侧垂脊上立一鸟，其下又探出一鸟首；右侧垂脊立一展翅凤鸟，头生羽冠；檐下中间悬挂垂幔，两端双柱支撑，柱身上下略有收分，上置一斗二升栾栱承檐；柱间二戴冠着袍者相对而坐，二人间有一樽（仅见二足），居左者左衽，腰悬绶带，右手平举，左手持一长柄勺在樽中搅动，居右者拱手端坐，二人之间另有二耳杯；左柱外二人皆着左衽广袖袍服，面右拱手跽坐，居右者面前另有一形象不明（一说为跽坐侍者），居左者身后自左边框斜出一树，树间一鸟左飞；右柱外侧檐下一着袍者，面左拱手跽坐。下格为乐舞场景，画面左侧刻一树，树下三人着左衽袍端坐，左二人拱手，头梳双髻，最右者戴冠，双手似捧一乐器吹奏（一说为持笏）；树顶探出一鸟首，树左有一人倒吊，双手搭于最左者肩头，树右有一飞鸟；右侧为一建鼓，鼓下为凸字形鼓座，鼓下支架左右各垂一飘带，架顶有华盖，华盖下为二层羽葆，末端各悬一铎（？），鼓左右各一人跽坐，皆戴武弁，居左者左衽，二人皆双手持桴击鼓。画面四周有双层框，其上边框间填刻卷云纹，两端各雕一五铢钱，左上角另刻一道琐纹；左、右、下三边框间填刻双层菱形纹。

著录与文献　郝利荣：《徐州新发现的汉代石祠画像和墓室画像》，《四川文物》2008年第2期，第66页，图15。

收藏单位　徐州汉画像石艺术馆

编号	JS-XZ-124
时代	东汉
出土/征集地	徐州铜山县柳泉散存
出土/征集时间	
原石尺寸	143×203×12
质地	石灰岩
原石情况	原石呈五边形，基本完整。
组合关系	
画面简述	此图为浅浮雕。画面整体可分为上下两格，有双层边框分隔。上格呈半圆形构图，画面中央为二鸟（凤或鸾）并颈，抬一足相抵而立，鸟羽冠分两歧，尾分三歧，但左鸟羽冠梢及尾梢各呈三角形，右鸟则呈圆弧形。左鸟身后可见三兽（似犬）；两鸟上部及右鸟身后，共有十鸟；四周边框另有若干鸟首探入（补白）。下格为铺首衔环和常青树形象。下格分左、中、右三栏，左右两栏皆刻铺首衔环，环下系帛，另有二展翅鸟自左右边框下部探入；中栏为一柏树（一说常青树），树下可见三层梯级状台基，树冠呈三角形箭头状，树梢立一鸟（凤），另有二鸟自左右边框斜上探入。画面整体四周有框，下格左、右、上三边为三层框，框间填刻连弧纹及绳纹。
著录与文献	郝利荣：《徐州新发现的汉代石祠画像和墓室画像》，《四川文物》2008年第2期，第66页，图16。
收藏单位	徐州汉画像石艺术馆

编号	JS-XZ-125(1)
时代	东汉
出土/征集地	徐州北部地区散存
出土/征集时间	
原石尺寸	109×45×29
质地	石灰岩
原石情况	原石呈长方形，基本完整。
组合关系	
画面简述	此图为浅浮雕。画面整体为乐舞百戏题材，其上部刻三人跳丸，上一人双腿蹲立，下一人站立，右一人一腿跪地，三人皆双手抛丸。下部刻一建鼓，架杆底部有梯级状二层墩座，鼓上方为三层羽葆；鼓左右各有一人，皆双手各执一鼓桴，跃起以桴击鼓，二人足下各有一圆形物（一说为置地之小鼓）；架杆顶部有一人横卧，双手双足张开，仅以腹部撑杆。人物皆（似）着紧身衣裤。
著录与文献	郝利荣：《徐州新发现的汉代石祠画像和墓室画像》，《四川文物》2008年第2期，第67页，图17。
收藏单位	徐州汉画像石艺术馆

编号	JS-XZ-125(2)
时代	东汉
出土/征集地	徐州北部地区散存
出土/征集时间	
原石尺寸	109×45×29
质地	石灰岩
原石情况	原石呈长方形，基本完整。
组合关系	
画面简述	此图为浅浮雕。画面刻一（胡？）人，高鼻深目，头戴尖帽（？），双手上举，腹部鼓胀为椭圆形，一足踏于一牛头顶；牛头可见双角，口张开，左向奔走。
著录与文献	郝利荣：《徐州新发现的汉代石祠画像和墓室画像》，《四川文物》2008年第2期，第67页，图17。
收藏单位	徐州汉画像石艺术馆

编号	JS-XZ-126
时代	东汉
出土/征集地	徐州邳州庞口村汉墓出土
出土/征集时间	1981年出土
原石尺寸	113.3×88.8×28
质地	石灰岩
原石情况	原石呈长方形，基本完整。
组合关系	
画面简述	此图为浅浮雕。画面从上至下分三格。上格左端刻一织机，机前坐一女子织布，其左上方有一丝筐；其右有一女子跽坐，用面前的 T 形缫丝器缫丝，缫丝器下方左右各有一丝筐；缫丝女上方有一纺车，其前坐一女子纺纱；纺车与织布女之间横拉一绳，上悬三丝筐。中格刻乐舞场景，左端为一女子头梳高髻，作袖舞（一说巾舞或公莫舞）；其右一人坐于榻上，双手鼓瑟（抚琴）；其右上一人跪坐，双手执竖笛（一说为羌笛）吹奏；下方另一人跽坐，动作不明；右端一物不明（一说似鸟）；画面上方可见扎起及悬垂的帷幔（？）。下格刻车马行列，左端刻一导骑的后半部；其右为一轺车，马首饰缨，马身架曲辕，车轮八辐，车厢口坐一御者，双手控缰，车厢有网纹挡板，上有车盖；车马上方有云气纹补白。画面四周有三层框，框间由外至内填刻连弧纹及双层菱形纹。
著录与文献	武利华、王黎琳编《徐州汉画象石》，南京：江苏美术出版社，1985年，图270；尤振尧、陈永清、周甲胜：《江苏邳县白山故子两座东汉画像石墓》，《文物》1986年第5期，第24页，图9；徐毅英主编《徐州汉画像石》，北京：中国世界语出版社，1995年，第76页，图97；武利华主编《徐州汉画像石精选》，北京：线装书局，2001年，第102页，图102；郝利荣：《徐州新发现的汉代石祠画像和墓室画像》，《四川文物》2008年第2期，第67页，图18。
收藏单位	徐州汉画像石艺术馆

编号	JS-XZ-127
时代	东汉
出土/征集地	安徽宿州市埇桥区栏杆镇
出土/征集时间	2001 年发现
原石尺寸	60×35×15
质地	石灰岩
原石情况	原石呈抱鼓形，右下角略残。
组合关系	

画面简述　此图为线刻浮雕。画面从上至下分五格，第一格窄于其余四格。第一格刻建筑人物题材，画面主体为一四坡顶建筑物，其正脊上立一凤（鸾?）鸟（一说为孔雀），头生羽冠，双翅张开，尾羽展开，双翅旁各探出一鸟首，右方鸟首之上有七圆点串联，一说为丹丸，一说为北斗七星，凤鸟尾羽之下可见一鸟首；左侧垂脊上立一鸮（漫漶较甚，不易辨）；右侧垂脊上立一羽人，昂首抬手触凤鸟之翼，其右有一鸟首探入；正脊饰横 W 形纹，屋面瓦垄清晰；檐下双柱，柱上置栌斗承檐，两柱间设墙，墙面开窗，窗内有一人露出半身，头戴武弁（?），面有须髯；墙面、双柱及栌斗皆饰菱形线纹；双柱外檐下左右各一人跽坐，皆戴武弁（?），双手执笏。第二格左端刻一人端坐，头戴进贤冠（?），身着长袍，唇上有须，双手举起，腰间悬绶带，带上缀一圆形挂饰，背后设凭几；左侧凭几后有一侍者，右向，手持便面；其右为四人躬身跽坐，左起第一、二、四人头戴进贤冠，第三人戴武弁，四人皆身着长袍，唇上有须，双手执笏；人物上方有垂幔，端坐者右上方悬一钟（或铎）。第三格左端刻一楼梯，楼梯下方有一犬，回首而望；楼梯上有一人正在上楼，仅可见其下半身；梯前一人戴进贤冠，着袍，右向持笏躬身而立；其右五人左向拱手躬身而立，其中左起第一、二、五人双手执笏，第三、四人腰悬绶带，带上缀一圆形挂饰，第一人与梯前右向之人之间有一提梁壶，左向五人中除第四人戴武弁，余者皆戴进贤冠。第四格左端刻一人右向跽坐，头戴介帻，面前置一（烤）炉，其左手持便面扇火，右手持两歧簇炙肉（?），火炉上方以一绳吊一猪腿；其右为一人正面盘坐，头戴介帻，唇上有须，两鬓有虬髯，面前置一案，持刀于案上切肉（?），案下有一碗；其右刻槌牛（?）场景，左一人，着及膝袍，一手执牛鼻，一手后扬持长柄斧（?），呈跨步进击状，其右上似有一砍下的牛首（?），下方置一盆及刀（?），牛四肢微屈，稍低首，牛背后方可见一人，双手平伸，一手似执鞭（或绳）伏牛（?）；画面右端立一人，头戴介帻，长袍及膝，跨步左行。第五格左端刻舂米场景，地上立二碓架，碓身斜架于上，碓头有杵杆，一人跃至碓尾，用力蹬踩；碓左有一墩，上有一人正欲跃上碓尾；碓头下方置一盆，盆前一着袍者跽坐，弯腰伸手至盆中；二碓架顶及碓身各立一鸡，碓下有一公一母二鸡，母鸡背上有一小鸡，二鸡身前身后各有一小鸡；空中有二飞鸟；右部刻一人跽坐，手持（环首）长刀，身体左倾，其右应为一人，图像残缺，二人之间有二耳杯，上方有二长竿（兵器）横置，中间立二盾。每格之间以横 W 形花纹带相隔。画面四周有框，其中第二格右上角为圆角框；上边框内填刻波形纹，外沿左高右低，左、右、下三边框间填刻横 W 形纹。

著录与文献　郝利荣：《徐州新发现的汉代石祠画像和墓室画像》，《四川文物》2008 年第 2 期，第 65 页，图 11；武利华：《徐州汉画像石通论》，北京：文化艺术出版社，2017 年，第 67 页图 4-11，第 197 页图 7-9。

收藏单位　徐州汉画像石艺术馆

JS-XZ-126局部

JS-XZ-127 局部

编号	JS-XZ-128
时代	东汉
出土/征集地	徐州北部地区出土
出土/征集时间	
原石尺寸	76×238×20
质地	石灰岩
原石情况	原石呈长方形，基本完整。
组合关系	
画面简述	此图为浅浮雕结合线刻技法。画面分上下两格。上格左端刻一人执棨戟（？），面右而立；其右三骑从左至右行进，骑手皆执戟，上方有二鸟首自边框探入，左起第三骑身后榜题"秦（？）王"；其右图像漫漶不清；中部及右侧为狩猎场景，其左起一骑，骑手双手张扬，一手执盾；其右为起伏的山峦，山间有一兔一鹿；山上有四人，最左者一手持钩镶，一手持环首刀，作奔跑跳跃状；其右一人跪立张弓；再右二人漫漶不清；画面右端似另有一人，但细节不可辨。下格刻车马行列，从右至左行进；左端为二人躬身迎迓，皆身着长袍，双手执笏；其右二人执棨戟，身着过膝袍面左而立；再右有四导骑，左起第一骑肩扛幡（？）；导骑之后的图像残缺；再后有一着袍者左向步行；其后为一导骑，骑手头戴武弁，手持一杆，面前可见一圆形物（或为五铢钱？）；其后为一轺车，马首饰缨，车轮八辐，车上一御者一乘者；其后为一轺车，车轮八辐，轴端可见车軎，车上一御者一乘者，皆戴武弁，御者面前一圆形物（或为五铢钱？），乘者身后二圆点不明；车后有一从骑，骑手头戴进贤冠介帻；右端一人执棨戟（一说挂杖）左行，着过膝袍，身后一马（仅见前半部）。两格之间以三层菱形纹的花纹带相隔。画面上下两边有框。
著录与文献	郝利荣：《徐州新发现的汉代石祠画像和墓室画像》，《四川文物》2008年第2期，图版3-2。
收藏单位	徐州汉画像石艺术馆

编号	JS-XZ-129
时代	东汉
出土/征集地	徐州北部地区出土
出土/征集时间	
原石尺寸	76×290×17
质地	石灰岩
原石情况	原石呈长方形，残为五块。
组合关系	
画面简述	此图为浅浮雕结合线刻技法。画面分上下两格。上格刻人物行列，部分漫漶不明，仍可见三十七人，皆着袍；最左一人面右拄杖而立；第二至第七人面左躬身而立，除第五人外，皆双手执笏；第八至第十五人长袍及地，袍下沿呈波形；第十六至第三十六人面左躬身而立，除第二十九人拱手、长袍及地（袍下沿呈波形）外，余者皆双手执笏，双足露出，其中第二十九与第三十六人腰悬绶带；第三十七人拱手正面而立，似亦腰悬绶带（右端残损）。下格刻车马行列，从右至左行进，左端为一导骑，骑手持一上部为三叉状物不明；其后为一轺车，车轮八辐，轴端可见车𫐐，车上一御者一乘者，御者一手控缰，一手执鞭；其后为一辆三马施维轩（？）车，马首皆饰一缨，车轮八辐，轴端可见车𫐐，车厢有高挡板，车内一御者一乘者，仅可见其所戴进贤冠，御者控缰执鞭；其后为一辆二马施维轩（？）车，马首皆饰一缨，车轮八辐，轴端可见车𫐐，车厢有高挡板，车内一御者一乘者，仅可见其所戴进贤冠，御者控缰执鞭；其后为一辆一马轩（？）车，马首饰一缨，车轮八辐，轴端可见车𫐐，车厢有高挡板，车内一御者一乘者，仅可见其所戴进贤冠，车厢前方有一圆形（钱币？）；其后为一从骑，骑手肩扛幡（？）；其后一人步行，身着及膝袍，一手执棨戟，肩扛一物不明；从骑与步卒之间有一外圆内方钱币，上有铭文"五铢"；其后为一辆一马轩（？）车，马首饰一缨，车轮八辐，轴端可见车𫐐，车厢有高挡板，车内一御者一乘者，仅可见其所戴进贤冠，车厢前方有一外圆内方钱币，上有铭文"五铢"；其后为一辆一马轩（？）车，马首饰一缨，车轮八辐，轴端可见车𫐐，车厢有高挡板，车内一御者一乘者，仅可见其所戴进贤冠，御者控缰执鞭，车厢前方有一外圆内方钱币，上有铭文"五铢"；车后有一人面左躬身而立，头戴武弁，身着及足袍，双手执笏；其后为一从骑，骑手头戴武弁，一手持一上部为三叉状物不明，肩扛一幡（？）；其后有一人步行，身着及膝袍，肩扛一杆状物；其后有二从骑，前者头戴进贤冠，一手持一上部为三叉状物不明，肩扛一幡（？），后者图像残缺，仅见马的前半身；车前上方皆有一鸟飞扑而下。两格之间以三层菱形纹的花纹带相隔。画面上下两边有框。
著录与文献	郝利荣：《徐州新发现的汉代石祠画像和墓室画像》，《四川文物》2008年第2期，图版3-3。
收藏单位	徐州汉画像石艺术馆

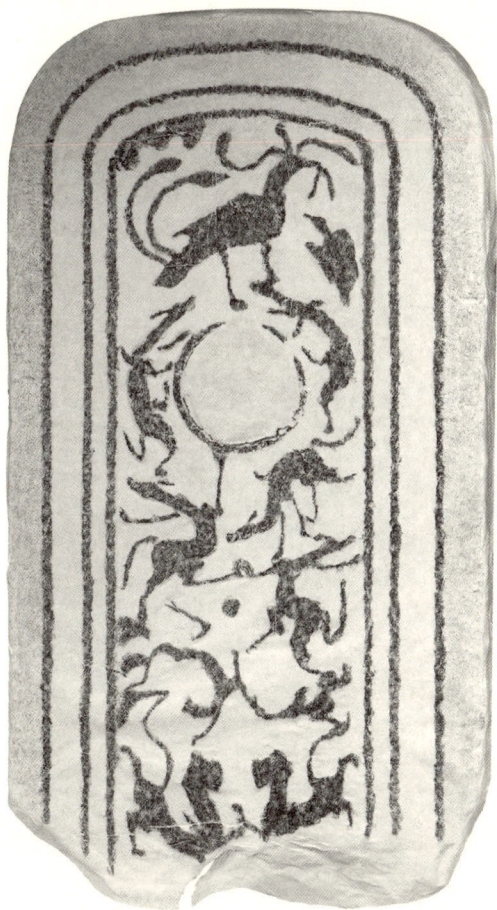

编号	JS-XZ-130(1)
时代	东汉
出土/征集地	徐州征集
出土/征集时间	
原石尺寸	145×71×23
质地	石灰岩
原石情况	原石呈长方形，下端残。
组合关系	

画面简述 此图为浅浮雕。画面正中有一透雕圆洞（一说为碑穿）；圆洞上方立一凤（鸾？）鸟，头生羽冠，尾分二歧，口衔芝草（？）或（串起的）丹丸（？）；凤鸟左上方有三凸起，似为云气（？），右方有一飞鸟；圆洞两侧各有一有翼犬攀洞而上；圆洞之下有三犬，其中居左者的左后足与右下方之犬的左前足相抵，皆回首向后，二犬之间有一圆点，右上方之犬肩生翼；其下有二犬（？）；最下方为二有翼虎相对而立，各抬起一前足相抵。画面上、左、右有三重圆角框。

著录与文献 杨孝军、郝利荣：《徐州新发现的汉画像石》，《文物》2007年第2期，第83页，图6。

收藏单位 徐州汉画像石艺术馆

编号	JS-XZ-130(2)
时代	东汉
出土/征集地	徐州征集
出土/征集时间	
原石尺寸	145×23×71
质地	石灰岩
原石情况	原石呈长方形，左下角残。
组合关系	
画面简述	此图为浅浮雕。画面分上下两格，上格最上端刻一半人半龙神，两手高举一日轮（或月轮）于头顶之上，头戴进贤冠，衣襟下摆呈燕翅状左右分开，下半身长有二兽足；其下从上至下依次为三有翼犬。下格刻一着袍执彗门吏躬身而立。画面四周有框。
著录与文献	杨孝军、郝利荣：《徐州新发现的汉画像石》，《文物》2007年第2期，第83页，图6。
收藏单位	徐州汉画像石艺术馆

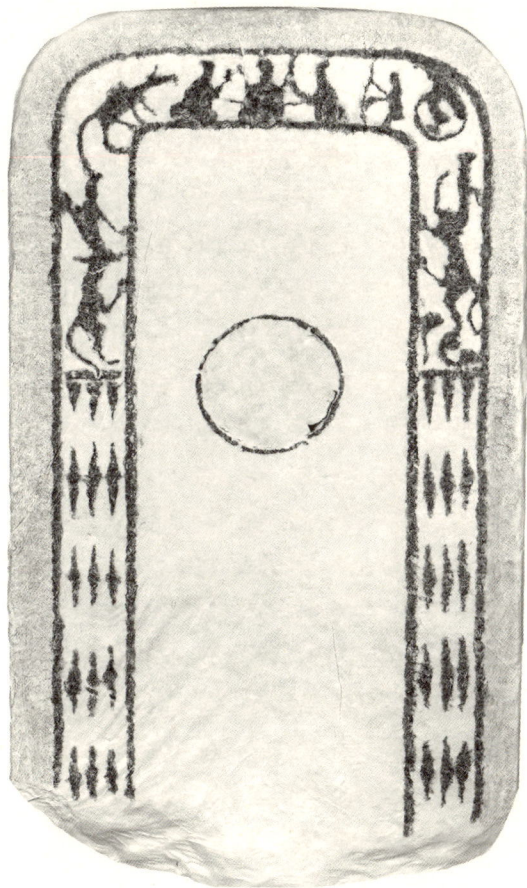

编号	JS-XZ-130(3)
时代	东汉
出土/征集地	徐州征集
出土/征集时间	
原石尺寸	142×70×22
质地	石灰岩
原石情况	原石呈长方形，下端残。
组合关系	
画面简述	此图为浅浮雕。画面中央空白，中有一透雕圆洞（一说为碑穿）。四周有框，其中上、左、右为圆角双层框，上框内正中刻一人（一说西王母）凭几端坐，肩生双翼，左右各坐一侍者，皆手持便面，右侍者之右有玉兔捣药（？）；左框内从上至下为一犬一龙，皆肩生翼，龙生角，咬住犬尾；右框内上为一圆圈，其内图像不明，下为一龙，龙生角，肩生翼，后足下方有云气；左右框内下部皆为三层菱形纹。
著录与文献	杨孝军、郝利荣：《徐州新发现的汉画像石》，《文物》2007年第2期，第83页，图7。
收藏单位	徐州汉画像石艺术馆

编号	JS-XZ-130(4)
时代	东汉
出土/征集地	徐州征集
出土/征集时间	
原石尺寸	142×22×70
质地	石灰岩
原石情况	原石呈长方形，左下角略残。
组合关系	

画面简述　此图为浅浮雕。画面分上下两格。上格最上端刻一半人半龙神，两手高举一月轮（或日轮）于头顶之上，脑后扎发髻，宽袖垂下，衣襟下摆呈燕翅状左右分开；其下从上至下为三有翼犬，皆作盘曲腾挪状；最下一犬下方有二凸起物，似为云气（？）。下格刻一着袍捧盾门吏躬身而立，身后似有二物，不明。画面上、左、右三边有框。

著录与文献　杨孝军、郝利荣：《徐州新发现的汉画像石》，《文物》2007年第2期，第83页，图7。

收藏单位　徐州汉画像石艺术馆

编号	JS-XZ-131(1)
时代	东汉
出土/征集地	徐州征集
出土/征集时间	
原石尺寸	142×70×22
质地	石灰岩
原石情况	原石呈长方形，右下角略残。
组合关系	
画面简述	此图为浅浮雕。画面正中有一透雕圆洞（一说为碑穿）；圆洞上方立一凤（鸾？）鸟，头生羽冠，尾分二歧；其左为一犬，凤鸟口衔犬尾；凤鸟右上方有一飞鸟，左右上角各有凸起物，似为云气（？）；圆洞两侧各有一有翼犬，居右者攀洞而上，居左者背靠圆洞而立；圆洞之下有两排有翼犬，每排两只，作盘曲腾挪状；最下端为一有翼虎，右前足、左后足高高抬起，其右下方有一犬首及足探入。画面四周有框，其中上方左右侧为三重圆角框，外圆角处各有一三角形纹。
著录与文献	杨孝军、郝利荣：《徐州新发现的汉画像石》，《文物》2007年第2期，第84页，图8。
收藏单位	徐州汉画像石艺术馆

编号	JS-XZ-131(2)
时代	东汉
出土/征集地	徐州征集
出土/征集时间	
原石尺寸	142×22×70
质地	石灰岩
原石情况	原石呈长方形，下端残。
组合关系	
画面简述	此图为浅浮雕。画面从上至下刻五只有翼犬，第二只犬下方有云气（？）。画面上、左、右三边有框。
著录与文献	杨孝军、郝利荣：《徐州新发现的汉画像石》，《文物》2007年第2期，第84页，图8。
收藏单位	徐州汉画像石艺术馆

编号	JS-XZ-131(3)
时代	东汉
出土/征集地	徐州征集
出土/征集时间	
原石尺寸	145×71×23
质地	石灰岩
原石情况	原石呈长方形，基本完整。
组合关系	
画面简述	此图为浅浮雕。画面中央空白，中有一透雕圆洞（一说为碑穿）。四周有框，其中上方左右侧为圆角双框；上框内正中刻一人（一说东王公）凭几端坐，肩生双翼，左右各坐一侍者，皆手持便面；左框内从上至下为一犬一龙，皆肩生翼，龙生角；右框内从上至下为一鸟一龙，龙生角，肩生翼。左右框内下部皆为三层菱形纹。
著录与文献	杨孝军、郝利荣：《徐州新发现的汉画像石》，《文物》2007年第2期，第84页，图9。
收藏单位	徐州汉画像石艺术馆

编号	JS-XZ-131(4)
时代	东汉
出土/征集地	徐州征集
出土/征集时间	
原石尺寸	145×23×71
质地	石灰岩
原石情况	原石呈长方形，右下角略残。
组合关系	
画面简述	此图为浅浮雕。画面上端刻二有翼犬伏身对峙，双吻相接，其下一有翼犬张口咬上犬后足或尾；下端另为一有翼犬。画面四周有框。
著录与文献	杨孝军、郝利荣：《徐州新发现的汉画像石》，《文物》2007年第2期，第84页，图9。
收藏单位	徐州汉画像石艺术馆

编号	JS-XZ-132(1)
时代	东汉
出土/征集地	徐州征集
出土/征集时间	
原石尺寸	47×171×30
质地	石灰岩
原石情况	原石为拱形，断为左右两块。
组合关系	
画面简述	此图为浅浮雕。画面中央刻一熊（一说为神怪）蹲坐，双目圆睁，张口吐舌，袒胸露乳，双肘撑于膝头，双手上举，可见四指；其左为一有翼龙，右为一有翼虎，皆低首趴伏于地，张口露齿，长尾上扬；熊与龙、虎间填以云气纹。画面四周有框，下方双拱内凹面有三角形纹花纹带。
著录与文献	杨孝军、郝利荣：《徐州新发现的汉画像石》，《文物》2007年第2期，第81页，图1。
收藏单位	徐州汉画像石艺术馆

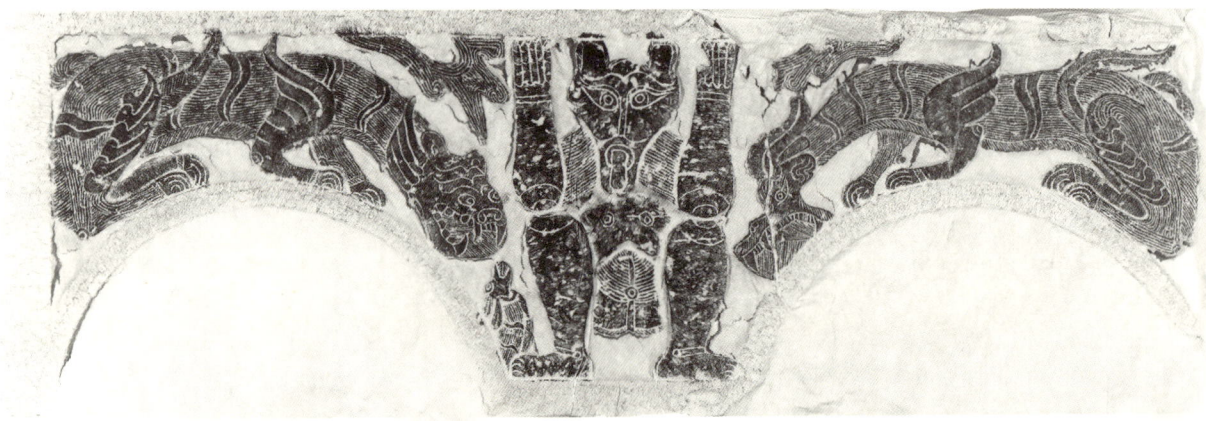

编号	JS-XZ-132(2)
时代	东汉
出土/征集地	徐州征集
出土/征集时间	
原石尺寸	47×171×30
质地	石灰岩
原石情况	原石为拱形,断为左右两块。
组合关系	
画面简述	此图为浅浮雕。画面中央刻一熊(一说为神怪)蹲坐,双目圆睁,张口吐舌,袒胸露乳,双肘撑于膝头,双手上举;其左为一有翼虎,右为一有翼龙,皆低首趴伏于地,张口露齿;熊与龙、虎间填以云气纹,虎首下方一长耳小兽首探入。画面四周有框。下方双拱内凹面有三角形纹花纹带。
著录与文献	杨孝军、郝利荣:《徐州新发现的汉画像石》,《文物》2007年第2期,第82页,图2。
收藏单位	徐州汉画像石艺术馆

编号	JS-XZ-133
时代	东汉
出土/征集地	徐州征集
出土/征集时间	
原石尺寸	96×20×42
质地	石灰岩
原石情况	原石呈长方形，基本完整。
组合关系	
画面简述	此图为浅浮雕。画面从上至下刻三人，最上者为垂足坐姿，昂首仰面，右手上举，左手置于膝头；居中者单腿立，亦昂首仰面，左手托最上者左足，右手托其臀部，右腿抬起，左腿微屈；最下者双手撑地倒立，头抬起，左腿伸，右腿屈；三人皆着紧身无袖连体衣裤。画面四周有框。
著录与文献	杨孝军、郝利荣：《徐州新发现的汉画像石》，《文物》2007年第2期，第82页，图3。
收藏单位	徐州汉画像石艺术馆

编号	JS-XZ-134(1)
时代	东汉
出土/征集地	徐州征集
出土/征集时间	
原石尺寸	84×33×15
质地	石灰岩
原石情况	原石呈长方形，下端残。
组合关系	
画面简述	此图为浅浮雕。画面分上下两格，下格残损较多，仅余局部。上格上部从上至下刻三排长颈兽，每排二只，皆两两相对，回首后望，间有云气补白；下部刻五人骑一象，象低首张口，长牙凸出，长鼻翘起，象尾下垂，五人跨坐于象背之上，皆着宽袖长袍，最前一人手持长钩（？）驯象，后四人皆抬手搭于身前之人背上。下格正中可见一熊（或神怪）头肩部；两侧似各有一人，各以一手托框，其余不可见。画面上、左、右三边有框。
著录与文献	武利华主编《徐州汉画像石精选》，北京：线装书局，2001年，第80页，图80；杨孝军、郝利荣：《徐州新发现的汉画像石》，《文物》2007年第2期，第82页，图4；陈履生主编《中国汉画》，南宁：广西美术出版社，2018年，第236页，图218；武利华：《徐州汉画像石通论》，北京：文化艺术出版社，2017年，第326页，图10-27。
收藏单位	徐州汉画像石艺术馆

编号	JS-XZ-134(2)
时代	东汉
出土/征集地	徐州征集
出土/征集时间	
原石尺寸	84×15×33
质地	石灰岩
原石情况	原石呈长方形，下端残。
组合关系	
画面简述	此图为浅浮雕。画面从上至下分五格，每格皆刻二人（一说为胡人）相对拱手而立；人物皆戴冠（一说尖帽），上身着鱼鳞纹宽袖上衣，下身着长裤。画面四周有框。
著录与文献	
收藏单位	徐州汉画像石艺术馆

编号	JS-XZ-135(1)
时代	东汉
出土/征集地	徐州征集
出土/征集时间	
原石尺寸	89×33×19
质地	石灰岩
原石情况	原石呈长方形，上端残。
组合关系	
画面简述	此图为浅浮雕。画面上部残损不可见，残存部分从上至下分三格。第一格刻一双身兽，正中为一兽首，其双身相背分立于左右，皆生有长颈，后足跪地。第二格为二人骑象，一象长鼻翘起，象尾下垂，长牙之上套着缰绳；其头顶坐一人，持长钩驯象；身后一人屈腿卧于象背之上，一手枕于脑下，手中持鞭（？），另一手扶膝；象腹下有一鸟首探入。下格刻一树，树顶立四鸟，枝杈间左右各有一鸟巢，巢内各有二幼鸟；树下立一牛，长角弯曲，牛尾下垂，身前跽坐一人，双手扶握牛口及牛角，似在喂食。画面左、右、下三边有框。
著录与文献	杨孝军、郝利荣：《徐州新发现的汉画像石》，《文物》2007年第2期，第82页，图5；武利华：《徐州汉画像石通论》，北京：文化艺术出版社，2017年，第326页，图10-27。
收藏单位	徐州汉画像石艺术馆

编号	JS-XZ-135(2)
时代	东汉
出土/征集地	徐州征集
出土/征集时间	
原石尺寸	89×19×33
质地	石灰岩
原石情况	原石呈长方形，上端残。
组合关系	
画面简述	此图为浅浮雕。画面上部残损不可见；残存部分从上至下分五格，每格皆刻二人（一说为胡人）相对拱手躬身对语（？）；人物皆戴冠（一说尖帽），上身着鱼鳞纹宽袖衣袍，袍长及膝，下身着长裤。画面左、右、下三边有框。
著录与文献	
收藏单位	徐州汉画像石艺术馆